中国跨国公司海外经营战略要素研究：
基于社会资本理论的视角

李　辉　著

知识产权出版社
全国百佳图书出版单位

图书在版编目（CIP）数据

中国跨国公司海外经营战略要素研究：基于社会资本理论的视角 / 李辉著 .
—北京：知识产权出版社，2019.6
ISBN 978-7-5130-6095-0

Ⅰ.①中… Ⅱ.①李… Ⅲ.①跨国公司—企业经营管理—研究—中国
Ⅳ.① F279.247

中国版本图书馆 CIP 数据核字（2019）第 027654 号

内容提要

本书根据社会资本理论和组织学习理论、中国跨国公司在海外市场创新的特征，构建
和开发具有可操作性的海外社会资本、组织学习能力、创新绩效的构成维度等，探讨不同
类型的海外社会资本与组织学习能力的关系，进而探究对海外市场创新绩效的影响机制，
以期获得中国跨国公司海外社会资本向创新绩效转化的一般规律，从而针对中国跨国公司
的实际情况，为制定、实施组织学习、创新相关战略提供一定的理论支持。

责任编辑：于晓菲　李　娟　　　　　　　　责任印制：孙婷婷

中国跨国公司海外经营战略要素研究：基于社会资本理论的视角
ZHONGGUO KUAGUO GONGSI HAIWAI JINGYING ZHANLÜE YAOSU YANJIU：JIYU SHEHUI
ZIBEN LILUN DE SHIJIAO
李　辉　著

出版发行：知识产权出版社 有限责任公司	网　　址：http：//www.ipph.cn
电　话：010-82004826	http：//www.laichushu.com
社　址：北京市海淀区气象路 50 号院	邮　编：100081
责编电话：010-82000860 转 8363	责编邮箱：yuxiaofei@cnipr.com
发行电话：010-82000860 转 8101	发行传真：010-82000893
印　刷：北京中献拓方科技发展有限公司	经　销：各大网上书店、新华书店及相关专业书店
开　本：787mm×1000mm　1/16	印　张：13
版　次：2019 年 6 月第 1 版	印　次：2019 年 6 月第 1 次印刷
字　数：200 千字	定　价：68.00 元

ISBN 978-7-5130-6095-0

前　言

近年来，随着经济全球化趋势的日益明显，海外市场呈现出新的特征，人才、技术等创新性资源的流动性逐渐增强。为了突破国外技术的垄断，中国跨国公司逐渐通过创新战略的实施，掌握具有自主知识产权的关键技术，从而在一些重要领域占据国际领先位置。在全球化的背景下，企业创新战略的实施都是与资源投入息息相关的，中国跨国公司在自主创新的同时，还在不断加强与东道国当地市场的有机结合，以拓宽创新性资源的来源。"走出去"的中国跨国公司与东道国市场网络成员进行资源的融合，将海外市场的知识、人才、技术和资本等资源进行系统的整合，通过在海外市场的社会关系网络将这些资源转化为实际的创新产出。随着价值链全球配置的逐渐深化，中国跨国公司通过海外市场中的社会网络关系与海外企业在研发、制造、营销等各个环节进行合作，以充分利用海外市场的知识资源进行创新实践。可见，海外社会资本对于中国跨国公司海外经营的成败至关重要。

目前理论界在关于社会资本的研究中，更多地将社会资本理论用于解释知识的创造、获取和转移的过程，研究社会资本与绩效的关系。并且绝大部分研究只是限定于本土市场，对于海外社会资本的理论和实证研究还较少，尤其是海外社会资本与中国跨国公司的海外创新实践相结合的研究还存在很大空白，不足以指导中国跨国公司在海外市场的经营活动。同时，也鲜有研究是将社会资本与组织学习相结合，并在此基础上对组织学习能力的方式和类型进行分析的。然而，基于理论和实践的需要，组织学习被视作研究社会资本向创新绩效转化机制的重要工具，而且在探索式学习和利用式学习这两种主要的学习能力之间实现平衡也是十分必要的，但是理论界对于如何实现这种平衡还没有得出定论。这些问题关系到中国跨国公司在海外市场创新战略的实施和长远发展，但是现有的研究还没有针对这些问题给出明确的解决方案。

鉴于此，本书将研究主题和研究目标设定为：根据社会资本理论和组织学习理论，以及中国跨国公司在海外市场创新的特征，构建和开发具有可操作性的海外社会资本、组织学习能力，以及创新绩效的构成维度，探讨不同类型的海外社会资本与组织学习能力的关系，进而探究影响海外市场创新绩效的机制，以获得中国跨国公司海外社会资本向创新绩效转化的一般规律，从而能够针对中国跨国公司的实际情况，为制定和实施组织学习与创新相关战略提供一定的理论指导及管理建议。

目　录

第一章　中国跨国公司海外经营概况

第一节　中国跨国公司国际化的背景

在经济全球化的背景下，中国企业"走出去"的步伐逐渐加快。海外社会资本对于中国跨国公司的海外经营来说变得越来越重要，跨国公司通过组织学习能力的培养，逐步推进在海外市场的创新战略，进而提升竞争地位。因此，利用和转化海外社会资本的研究被理论界和实务界提上日程。

一、国际化环境分析

（一）中国跨国公司对外直接投资的趋势逐渐上升

根据联合国贸易和发展会议（UNCTAD）发布的《2017 年世界投资报告：投资和数字经济》，2016 年亚洲发展中国家的外国直接投资（FDI）流入量下降15%，但中国以 1830 亿美元的对外直接投资总额首次成为全球第二大投资国。

既然中国本身就是最佳的投资地，中国跨国公司为何还要"走出去"对外进行直接投资就成为一个值得探讨的问题。

2017 年世界投资报告的数据显示：中国的对外直接投资上升 44%，达到 1830 亿美元，创历史新高，使中国首次成为全球第二大投资国。相比之下，发展中亚洲的其他次区域和主要对外投资经济体的流出量却大幅下降。整体而言，在中国企业跨境并购交易的驱动下，亚洲发展中国家的外国直接投资流出量增加了 7%，达到 3630 亿美元。东亚的外国直接投资流入量出现两位数下降，主要是因为对中国香港的外国直接投资从 2015 年的 1740 亿美元下降到了 2016 年的 1080 亿美元。中国的整体流入量下降了 1%，为 1340 亿美元。但是，中国非金融服务行业的流入量持续增长，而制造业的外国直接投资则转向高端。可见，近年来跨国公司处于迅猛发展的阶段，跨国公司的国际化扩张不仅会进入发达国家市场，同时也有很大一部分会进入以发展中国家和转型经济体为代表的新兴国家市场。

在过去的 30 多年里，新兴经济体经历了快速的经济增长和制度转型，根据《2005 年的世界投资报告》(*World Investment Report*)，全球最具吸引力的 5 个经济区域都位于新兴经济体（包括中国、印度、俄罗斯、巴西和墨西哥），也就是所谓的"金砖国家"。不同于来自发达国家（如美国、欧洲、日本）和新兴工业化经济体（如韩国、新加坡、中国香港、中国台湾）的跨国公司的国际化路径，来自新兴经济体的跨国公司极大地受益于内向国际化，并且通过与全球合作伙伴的合作进行知识和技术的转移，这为来自新兴经济体的跨国公司在之后的外向国际化提供了经验的积累。尽管来自发达国家的跨国公司仍旧是当今外向对外直接投资（FDI）的主要来源，近年来，来自新兴经济体的跨国公司的对外投资增长显著，从 1980 年的几乎为零发展到 2017 年占全球投资总量的近一半。

而亚洲发展中经济体 FDI 流入量占全球的比重从 2016 年的 25% 上升到 2017 年的 30%❶。

随着经济全球化的发展和适应宏观市场环境变化的需要，以及规避贸易壁垒和扩大市场等因素的驱动，近年来中国跨国公司对外直接投资的步伐逐步加快。2016 年，在全球外国直接投资流出量 1.45 万亿美元，较上年下降 2% 的背景下，中国对外直接投资流量创下 1961.5 亿美元的历史新高，同比增长 34.7%，在全球占比达到 13.5%。截至 2016 年年底，中国 2.44 万家境内投资者在国（境）外设立对外直接投资企业 3.72 万家，分布在全球 190 个国家（地区）；中国对外直接投资累计净额（存量）达 13573.9 亿美元，在全球占比提升至 5.2%，位居第六。2016 年，中国企业共实施对外投资并购 765 起，涉及 74 个国家（地区），实际交易金额 1353.3 亿美元，其中直接投资 865 亿美元，占 63.9%；境外融资 488.3 亿美元，占 36.1%。并购领域涉及制造业、信息传输 / 软件和信息技术服务业、交通运输 / 仓储和邮政业等 18 个行业大类。截至 2016 年年底，中国对外直接投资覆盖了国民经济各个行业类别，租赁和商务服务业、制造业、信息传输 / 软件和信息服务业同比分别增长了 81.4%、45.3% 和 173.6%；5 个行业的投资存量超过千亿美元，分别是租赁和商务服务业、金融业、批发零售业、采矿业和制造业，5 个行业的合计占比达 79.7%❷。中国跨国公司"走出去"是适应全球化的需要，中国政府也是"双策并举"，不仅仅"引进来"国外的公司，也鼓励有实力的跨国公司"走出去"。根据当前的经济形势，中国经济的转型也促使了中国跨国公司的国际化发展。

中国跨国公司"走出去"不仅需要在海外市场找准投资项目，而且要增强

❶　根据《2017 年的世界投资报告》（*World Investment Report*）的数据整理。
❷　根据商务部、国家统计局和国家外汇管理局联合发布的《2016 年度中国对外直接投资统计公报》整理。

自身的实力。海外并购近年来逐渐成为中国跨国公司"走出去"的主要方式，与十年前 TCL 收购汤姆逊和联想收购 IBM 的 PC 业务相比，现如今中国跨国公司的海外并购越来越频繁。2008 年金融危机爆发后，中国跨国公司的海外并购就拉开了序幕：2012 年 5 月 21 日，万达宣布将斥资 26 亿美元并购全美第二大院线集团 AMC 影院公司；2013 年 4 月，中国海淀集团以 8600 万法郎收购了瑞士手表品牌昆仑表；2013 年 7 月 24 日，中国航空技术国际控股有限公司收购德国蒂勒特航空活塞发动机公司；2016 年，中国化工集团以 432 亿美元收购先正达，中航资本以 86 亿美元收购 Suppercell Oy；2017 年，中投公司以 122.5 亿欧元收购 Logicor，纳思达收购并售卖利盟公司企业服务业务。中国跨国公司不仅通过海外并购，还通过多种方式进入海外市场，如华为进入西方市场，采取的是循序渐进的方式，逐渐占领当地市场；而海尔则是采取迅速占领市场的方式，直接把工厂搬到了美国。

中国跨国公司的国际化之路，不仅深入欧美、日韩等发达国家市场，而且进入了南非、俄罗斯、中东等新兴国家市场，有些企业甚至把这些新兴国家看作最大的海外市场，采用循序渐进的方式在当地深入地发展。但是中国跨国公司进入亚洲国家市场并没有像进入西方国家市场那样顺利，日本、韩国与中国同为亚洲国家，彼此间具有一定的文化相似性，而中国企业进入这些国家，更多的是在贸易和制造领域，在其他领域几乎看不到中国企业的影子。对于新兴国家市场而言，其发展路径和所处的发展阶段与中国较为相似，中国跨国公司的核心竞争力可以比较直接地被转移和嫁接过去。因此，新兴国家市场对于中国跨国公司来说开发的潜力是十分巨大的。

虽然我国很多企业具有"走出去"的实力，但是从总体上说，仍然缺乏对国际市场的深入了解和全面把握，对于国际惯例、通行规则不够熟悉，不能有效在当地开展公共外交活动，且不能有效地对当地资源进行利用，这使得我国企业的海外直接投资面临种种困难。因此，在对外直接投资之后，如何对东道国当地资源进行有效利用就变得十分重要。

（二）海外社会资本对中国跨国公司的海外经营产生重要影响

来自《2016 年度中国对外直接投资统计公报》的宏观数据显示：2016 年，在全球外国直接投资流出量 1.45 万亿美元的背景下，中国对外直接投资流量创下 1961.5 亿美元的历史新高，同比增长 34.7%。截至 2016 年年底，中国 2.44 万家境内投资者在国（境）外设立对外直接投资企业 3.72 万家，分布在全球 190 个国家（地区）；中国对外直接投资累计净额（存量）达 13573.9 亿美元，在全球占比提升至 5.2%。中国企业共实施对外投资并购 765 起，涉及 74 个国家（地区），实际交易金额 1353.3 亿美元，其中直接投资 865 亿美元，占 63.9%，并购领域涉及制造业、信息传输 / 软件和信息技术服务业、交通运输 / 仓储和邮政业等 18 个行业大类。中国对外直接投资覆盖了国民经济各个行业类别，租赁和商务服务业、制造业、信息传输 / 软件和信息服务业同比分别增长了 81.4%、45.3% 和 173.6%；5 个行业的投资存量超过千亿美元，分别是租赁和商务服务业、金融业、批发零售业、采矿业和制造业。

此外，来自企业微观层面的跨国经营实践也表明，无论是早期开始跨国经营的制造业，还是近几年来快速发展的服务业，其跨国经营也都取得了令人瞩目的成绩。随着经济的日益全球化，中国企业正在越来越密切地加入国际市场的竞争，这在很大程度上是通过海外并购实现的。如 2012 年 11 月海尔正式宣布收购新西兰电气品牌斐雪派克 90% 的股份；光明食品以 7 亿英镑入股了英国最大的早餐谷物品牌维他麦。然而，在跨国并购之后，中国很多跨国公司在与当地整合的过程中遇到问题，甚至不得不缩减海外经营规模。除了管理制度上的差异，中国跨国公司所面临的最大挑战还有文化方面的整合，中国企业要想与东道国市场进行有效融合，需要在海外市场开发并维持一定的社会网络关系。不同的国家在认知和行为方式上存在差异，而发展与当地的社会网络关系可以有效地解决这些问题。

由于跨国公司特定的组织形式，从海外市场的角度可以认为跨国公司同时处于两种关系网络之中，一个是跨国公司内部成员构成的内部关系网络，一个是跨国公司海外分支机构与东道国市场的参与者构成的外部关系网络。跨国公司同时处于内部关系网络和外部关系网络之中，这既包括了跨国公司总部与海外分支机构的关系，也包括了跨国公司与东道国市场参与者之间的关系。东道国市场为跨国公司提供了超过 80% 的关系资源（Anderson et al.，2002），跨国公司的海外分支机构在东道国市场通过外部关系网络创造、获取和利用当地的知识，然后通过内部关系网络将这些知识资源转移到母公司，从而提升了跨国公司整体的竞争力。

中国跨国公司进入海外市场的驱动力在于补偿后进入者的劣势、全球竞争的压力、获得新兴市场政府的特惠待遇、快速的技术变化和产品开发、绕开严格的贸易壁垒、规避国内的制度限制、本土的资源限制等。而资产寻求和机会寻求是中国跨国公司国际化的两个主要动机，中国跨国公司通过资产寻求所获得的资源包括技术、研发、人力资本、品牌、顾客基础、分销渠道、管理资源、关系资源等，这些资源有助于跨国公司的成长，同时也弥补了其在国际市场上的竞争劣势。社会资本作为一种重要的资产，不仅是中国跨国公司进入海外市场的重要动机，同时也是在海外市场长足发展和形成竞争力的重要手段。

中国跨国公司通过在海外市场的经营，在与东道国市场网络成员的长期互动中形成了社会资本，学习到了东道国社会网络成员的先进知识、技术、文化，这不仅有助于跨国公司海外经营的竞争优势的提升，同时，跨国公司的海外分支机构在东道国网络中对获取的新知识进行转移，利用知识的杠杆作用，也有助于提升跨国公司的知识转化能力和全球竞争力。很显然，在中国企业开始跨国经营的新时代和更深层次地融入全球竞争的条件下，对于中国企业如何通过海外社会关系资源在海外市场形成核心竞争力及投资回报等问题，都亟待从理论和现实的角度作出回答和解释。

（三）组织学习是中国跨国公司在海外市场提升自身实力的重要途径

在过去，"走出去"的中国跨国公司是以商品和劳务的输出为主，如今已形成以境外上市、兼并收购、项目投资、股权投资、建立国际营销网络等多种形式并重的格局。然而，创新能力、架构设计、公司治理、风险管理等方面仍是制约中国跨国公司发展的"短板"，中国跨国公司对外直接投资的失败率一直很高。

这一方面说明跨国公司在风险防控、人才培养、文化沟通等方面还存在很多缺陷，虽然很多跨国公司具有"走出去"的实力，但是其海外投资还处于初级阶段，对国际市场缺乏深入的了解和系统的把握，对国际惯例、通行规则还不够熟悉，不太善于从当地的关系资源中进行学习和领悟，这使得中国跨国公司的海外直接投资业务面临各种困境。同时，对外直接投资对跨国公司在创新、管理、文化、法律、风俗、营销等各个方面都有较高的要求，但是很多中国跨国公司不能在这些方面培养相应的能力，盲目对外投资，造成企业在海外经营时面临较高的不确定性，从而导致亏损。

因此，中国跨国公司在海外东道国市场的组织学习就显得迫在眉睫。中国跨国公司在海外东道国市场当地的社会关系网络成员包括顾客、供应商、投资者、政府机构、社会团体和科研机构等。当地政府在跨国公司的海外经营中发挥着引导作用，不同国家的企业、大学、科研机构等均有机会开展国际合作，这都是跨国公司学习的重要对象。中国跨国公司应该主动与外部社会主体进行学习和沟通，建立定期的交流机制，在海外市场采取主动型的学习策略，积极熟悉当地的文化、价值观、顾客和合作伙伴。

此外，中国跨国公司对研发的支出大多用于技术开发，对于基础性研究的投入还不够，虽然一些科技型企业、大型企业比较重视研发的投入，但是其研发的效率普遍不高，其数量高于质量，比较缺乏创新能力。随着全球化的发展，一些跨国公司参与国际竞争，在全球范围内获取创新资源，在海外设立研发机构充分学习和利用海外市场的知识资源。可见，组织学习是提升中国跨国公司海外研发效率的重要途径之一，中国跨国公司可以通过在海外市场中的组织学习，吸收和利用东道国市场的知识资源以提高研发的效率。

中国跨国公司的"走出去"在很大程度上是为了在海外东道国市场获得战略性资产，避免母国资源和市场条件的限制，以克服在全球市场中的后进入者劣势，从而更有效地与全球的竞争者竞争，这些都是通过组织学习实现的。同时，通过在海外市场中的学习，中国跨国公司还可以克服自身的一些重要"瓶颈"，如较差的内部治理机制和会计核算制度，国际化经验、管理能力和专业技能的缺乏，以及较差的技术和创新能力等。在此基础上，中国跨国公司可以弥补自身的这些短板，增强自身的实力并提高在海外市场的竞争力。

（四）中国跨国公司在海外市场的创新潜力还十分巨大

在全球化背景下，中国跨国公司创新的驱动力在于制度的变革，自主创新并不是关起门来自己创新，而是向全球开放地创新。随着网络时代的来临，全球资源的共享成为现实，人才、信息、技术以及资本的高速流动改变了全球的商业竞争，为中国跨国公司的创新带来了前所未有的机遇和挑战。中国跨国公司"走出去"所要应对的一系列挑战包括文化、管理、市场等方面，这就需要其在海外市场的创新不仅包括产品创新、服务创新和技术创新，还要包括流程创新、商业模式创新、管理创新和顾客关系创新等。中国跨国公司要不断地创新，就要进行结构的优化，这不仅需要对研发进行投入，同时也要求研发与当地市场紧密结合。

2008 年以来，以华为、海尔为代表的中国跨国公司已经开始了全球战略布局，积极开拓海外市场作为其创新的来源。以华为为例，自 1999 年在印度班加罗尔成立第一个海外研发机构以来，华为先后在瑞典、美国等国家设立 20 多个研究所和 20 多个联合创新中心，其海外专利申请数已经接近 1 万项。

在超强竞争的时代，多样化的竞争形势和多变的顾客需求给企业带来了极大的挑战，企业一方面会因为组织惰性、资源的刚性而丧失竞争力，另一方面又会通过组织模式的变革、价值创造方式的改进以及组织间的合作来提高抵御风险的能力（Appleyard et al.，2008）。创新和国际化是现如今商业行为和经济活动的主要驱动力，跨国公司可以将创新应用于国际市场上的商业机会（Knight & Cavusgil，2004）。由于在国际市场上经营的企业会面对较高的环境不确定性以及技术和需求的不确定性，因此这些跨国公司要具有专业化的营销能力（Mohr et al.，2010）。

同时，创新是企业发展的原动力，特别是对于中国日渐蓬勃发展的跨国公司来说，只有通过创新才能不断满足日益变化的国际市场环境，才能在国际市场上获得竞争优势。随着全球化的发展，企业不能只局限于内部的知识和信息，还要将创新活动扩展到企业外部，在创新的各个阶段寻求合作（Escribano et al.，2009）。因此，在全球化的背景下，跨国公司的创新是一个交互作用的过程，这逐渐形成了全球范围的创新合作网络，在这个国际的创新网络中，占据网络优势地位的企业在创新中可以获得更多的资源（Zaheer & Bell，2005）。

中国跨国公司已经在新兴市场取得了一定的成功，尤其是在基础设施建设的相关领域。然而，中国跨国公司很难在发达国家市场取得成功，几乎没有企业能够进入发达国家的高科技产品领域。可见，技术创新能力低仍旧是中国跨国公司的"软肋"，中国企业在创新投入结构上的问题主要表现在对自然资源和人力资源的投入较多，而对知识资源和金融资源的投入较少。目前，我国的跨国公司中只有 25% 的大中型企业拥有研发机构，国家用于支持企业科技创新的投入比例仅为 10%，而发达国家的这一比例一般在 30% 以上❶。

较弱的产品创新和服务创新能力也是中国跨国公司全球竞争中的障碍和缺陷，这就要求中国跨国公司在海外东道国市场，通过当地的社会资本获取所需的知识资源，并且运用自身能力将其转化为实际的绩效。同时，跨国公司的国际化扩张也依赖于其母国的资源基础，跨国公司的母公司为全球扩张和发展提供了资源和制度的保障。因此，跨国公司的成功在于同时利用母公司的核心能力和在海外市场发掘新的机会，这与动态能力理论的观点相一致。中国跨国公司要进一步推进自主创新和产业升级，同时要扩大开放和深化改革，这就需要在全球化的大背景和市场化的大方向下，将资源整合到海外市场的创新和产业升级中。

---

❶ 根据中华人民共和国国家知识产权局网站 http://www.sipo.gov.cn 的数据整理。

二、社会资本的重要作用

（一）社会资本是企业一种特殊的资源形式

一般来说，学者们普遍将社会资本理解为一种资源，Nahapiet 和 Ghoshal（1998）将企业社会资本定义为嵌入社会单元的关系网络中，可被利用的现有或潜在的资源。对于企业社会资本的研究，一些学者主要从企业内部的个体层面分析社会资本的来源和形成机制（张其仔，2002）；也有学者结合社会资本的内外部联系，对社会资本进行划分（石军伟 等，2007；Cooke & Clifton，2002）；另外有学者从社会资本维度对社会资本进行研究（Nahapiet & Ghoshal，1998；Yli-Renko et al.，2001）。

社会资本与一般意义上的资本具有相类似的特征，但是区别于其他类型的资本（Araujo & Easton，1999）。类似于其他形式的资本，社会资本是一种耐久性的资产，其他资源可以被投入社会资本之中，从而可以获得未来的收益。就像所有形式的资本，社会资本也可以为组织带来收益。通过对外部关系网络的投入，个体和组织都可以扩大其社会资本，从而通过更好地获得知识、信息，形成凝聚力和创新能力，将其转化为实际收益。

与其他形式的资本相类似，社会资本既可以是专用的（Coleman，1988），也可以转换为其他的形式（Bourdieu，1985）。就像具有多种用途的物质资本，社会资本可以是专用的；也就是说，网络关系可以用于信息收集等特别的目的。同时，社会资本也可以转换为其他形式的资本，如在关系网络中的位置优势可以带来经济方面的收益。社会资本既可以替代其他资源，也可以是其他资源的补充。作为一种替代，组织可以通过获得更有效的社会资本来弥补金融资本和人力资本的缺失；作为一种补充，社会资本可以通过降低交易成本的形式提高经济资本的效率（Lazerson，1995）。

就像物质资本和人力资本，社会资本也需要维持，社会关系需要定期地更新和维持，否则将会失去作用和效果。就像物质资本，社会资本也会逐渐贬值，当社会资本不再被使用的时候就会贬值或消失。社会资本也会随着环境的变化而被废弃，其发生的概率是难以预测的。就像人力资本，社会资本会随着使用而逐渐增加和扩展，如信任关系的不断积累。一些形式的社会资本是"集体财产"，并不能被社会成员私有和专用（Coleman，1988）。社会资本具有公共物品的性质，但又不完全是公共物品，社会资本在使用过程中会具有一定的排他性，外部参与者可以被排除在关系网络之外，但是某一网络内部成员对社会资本的使用并不会降低其他网络成员对其的可用性。

随着中国跨国公司"走出去"步伐的加快，海外市场中的社会资本对于跨国公司来说变得越来越重要。将社会资本理论与企业的国际化相结合的研究，可以追溯到20世纪80年代对传统的网络理论进行深化和发展后的企业国际化网络理论。已有学者对国际网络关系进行了一些研究，如Nahapiet和Ghoshal（1998）在研究中证实了企业可以在信息、凝聚和交易费用节约功能这三个影响机制的基础上，通过海外社会资本获取企业国际化扩张所需的知识，从而为企业的国际化战略做出贡献；Jensen（2003）在研究中指出，企业的国际市场进入模式取决于企业在网络关系中的位置和网络关系的类型。

从20世纪90年代起，理论界对于企业社会资本的研究越来越丰富，学者们从不同的视角对企业社会资本进行研究，这些研究视角可以大体归纳为资源观、能力观、关系观和结构观四种类型。但是，现有研究对企业社会资本还没有统一的界定，这导致对企业社会资本的研究还没有一致的定论。到目前为止，这些研究只是对企业的海外关系网络与知识资源的关系做出了较为笼统的定性分析，并没有将企业的海外社会资本同企业的创新实践相结合，也没有从实证的角度进行深入研究。

（二）社会资本常常与企业的创新战略相联系

社会资本的概念得到不同领域学者的广泛关注，广义的社会资本是指存在于社会关系和社会网络中的资产。从微观上讲，社会资本被定义为由个体成员的相对地位或位置所带来的优势（Burt，1997）；从宏观上说，社会资本描绘了团体、国家、行业网络等的特征（Walker et al.，1997）。企业社会资本被定义为反映企业社会关系特征的资源，企业社会资本通过集体成员的目标导向和彼此的信任，有助于集体行为的成功，从而为企业创造价值。企业社会资本是一种既可以为组织创造价值，又可以为其成员带来好处的资源。

有学者指出，企业可以通过与关系网络成员建立联系来获得长期的绩效（Child，1994），在非市场的路径中，企业将社会资本与创新战略相结合，转化为独特的市场地位，进而形成财务绩效。可见，企业的社会资本促使企业的产品和服务创新战略转化为独特的市场地位，进而影响到最终财务绩效的形成。在与社会资本来源的关系中，以顾客为导向的企业更加注重满足顾客的产品需求，进而更好地为顾客服务（Griffin et al.，1993）；以竞争者为导向的企业以提供比竞争者更高的顾客价值作为首要目标（Cooper & Robert，1984）。通过创新所创造的新产品和新服务有助于改善企业的经营绩效，同时，企业也会为了迎合关系网络成员的需要进行产品和服务的创新，并在这个过程中通过网络关系获得收益。

之前的研究一般将企业的创新与市场活动相联系，但是某些非市场活动能够有效地将创新转化为有利的市场地位，进而转化为财务绩效。在海外市场的经营中，跨国公司通过建立关系网络获得所需的资源，同时也为满足关系网络成员的需要制定相应的创新战略，在这些创新战略的实施过程中，充分利用关系网络所提供的资源，形成独特的市场地位，进而将创新绩效转化为财务绩效。此时，作为非市场资源的社会资本才是决定创新战略实施成败和形成海外市场竞争优势的关键所在，此时给企业带来实际利润的是关系网络的参与者，即企业的社会资本（Peng et al.，2000）。

国外学者通过对社会资本在企业创新过程中作用的研究，认为社会资本对企业创新绩效具有积极的影响，具体表现为社会资本会正向影响企业的创新活动、创新程度和交易成本等方面（Greve，2001；Landry & Amara，2002）。然而之前的大部分研究仅涉及社会资本的某一个或两个维度，并没有应用三维度的研究模型，而且仅有的一些实证研究多以某一具体的企业为研究对象，这在一定程度上对研究结论的普适性进行了限制。此外，国内的相关研究一般都是侧重于社会资本对企业本土的创新绩效、财务绩效的影响（谢洪明，2006；张方华，2006；韦影，2007），这些研究的结论对提升企业绩效有一定的指导意义，但是并没有从海外市场的角度对社会资本和创新绩效的关系进行分析。

（三）组织学习是研究社会资本转化机制的重要工具

根据社会资本理论，学者们认为社会关系是资源和学习的重要来源（Adler & Kwon，2002；Tsai & Ghoshal，1998）。之前对于社会资本维度的研究并没有深入社会资本不同维度所带来的特定收益或风险的方面，也没有对组织学习进行细致的分析（Lawrence et al.，2005），很少有研究将不同维度的社会资本与组织学习相结合（徐蕾 等，2013；Atuahene-Gima & Murray，2007），以及将企业社会资本与动态能力相结合（杜建华 等，2009）。但是之前的研究都只是限定在母国市场，对组织学习的研究还不够全面，这就限制了社会资本理论的完整性，因为在研究社会资本对组织学习的影响的时候，不能不考虑社会资本在不同维度下的潜在收益和风险对于不同学习能力的影响。

跨国公司的创新涉及两种组织学习方式：解决问题过程中的探索式学习和贯彻解决方案的过程中的利用式学习，以及两种学习的整合（Atuahene-Gima，2003）。在创新的过程中，探索式学习是指搜寻对于企业全新的技术和市场知识。这种知识搜寻并没有明确的范围限定，因此会使企业暴露在多种多样的领域之中，远超出企业现有的经验和知识基础，这会提高企业知识基础的多样性，从而有助于更多的试验和创新（Rowley et al.，2000）。相比之下，利用式学习是指在限定好的产品和市场的解决空间内的信息搜寻行为，并且是与企业之前的经验紧密联系的。此时，企业会聚焦于特定的知识，利用式学习会带来在特定的技术和市场领域更深层次的知识，从而保证了效率的提高和战略的贯彻实施（Rowley et al.， 2000）。

理论界对于组织学习的研究也存在两个重要的研究空白。首先，March（1991）在研究中指出维持两种学习过程的平衡是企业最好的学习战略，但是很少有研究从实证的角度对其加以验证（He & Wong，2004），也没有验证这种平衡对于企业的创新绩效的影响，探索式学习和利用式学习有效结合的最优点很难被明确指出来（Levinthal & March，1993）。其次，之前的研究一般是使用二手数据，如专利数和新产品数量对探索式学习和利用式学习的效果进行测量（Nerkar，2003）。尽管这些结果是与市场绩效的测量方式紧密相关的，但是使用二手数据的方法很难全面地测量组织学习对市场绩效的影响，而且考虑到二手数据的可获得性，因此有必要使用一手数据的方法对组织学习的效果进行测度。

（四）知识与知识转移有助于理解海外社会资本的转化路径

知识作为一种重要的组织资源，能为企业带来能力的开发和竞争优势的提升，这已经被越来越多的学者所认识到（Teece et al.，1997）。组织学习有助于企业知识积累的增加，并且通常是通过企业边界外部的知识转移实现的（Agrgote & Ingram，2000）。知识转移会影响企业的产出，如在合资企业中能力的开发、人力资源的开发和企业绩效的提升（Zahra et al.，2000），在新兴技术企业中的新产品开发（Yli-Renko et al.，2001），以及业务单元中的短期新产品财务绩效（Kyriakopoulos & de Ruyter，2004）。因此，如何在组织间进行有效的知识转移成为理论界和企业界都关心的问题（Easterby-Smith et al.，2000）。

不确定性是与组织间的行为密切相联系的，当企业进入海外市场，它们不仅要对先备经验充分利用，并且需要不断地获取新的知识。跨国公司在东道国市场获得的知识既包括市场知识，也包括社会和制度的相关知识。关于东道国市场商业网络的知识主要是通过在东道国的关系网络获得，是对跨国公司在东道国市场的商业活动至关重要的知识（Blomstermo et al.，2004）。Johanson 和 Vahlne（2009）指出，企业所有的经营活动都是在关系网络中进行的，因此对于在东道国市场经营的企业来说，不确定性并不是由于缺乏在东道国市场的相关经验，而是缺乏当地社会网络的相关知识，以及不能成为其网络成员所造成的。存在于东道国市场的知识是跨国公司国际化经营的关键要素，这也使得作为知识重要来源的社会资本成为跨国公司在海外东道国市场至关重要的资源。

近些年，学者们从不同角度对知识转移进行了研究，如从跨国公司内部的角度和从战略联盟伙伴关系的角度；并且在不同环境背景下对其进行了分析，如国内市场和国际市场。学者们也从不同的理论层面对知识转移进行了分析，如组织学习理论、网络理论和演化经济理论等。然而，理论界对于组织间知识转移的研究还很有限：第一，大多数研究都是将知识转移限定在国内市场，而忽视了海外市场中知识的重要性；第二，尽管学者普遍认为企业的资源基础观可以应用于对知识的研究，而对于组织间的知识转移来说可能并不太适用，这是由于知识并不是单独存在的，而是蕴含在一定的载体之中；第三，之前的研究只聚焦于知识的来源或知识的接收者，很少有研究聚焦于知识转移双方的关系上，即忽视了社会网络关系在知识转移中的重要性。

可见，我们有必要将社会资本向创新绩效的转化机制与知识转移相结合进行研究，因为社会资本不仅是知识的重要来源，同时也为知识转移提供了渠道。此外，将知识转移的研究背景扩展到海外，研究海外社会资本与知识转移的关系，也是理论界的一大空白。

第二节　中国跨国公司的海外经营战略

一、中国跨国公司在海外市场经营的战略要素

（一）海外社会资本是跨国公司在海外市场的重要战略性资源

跨国公司不可能将所有的资源保持在企业内部，并且同时在动荡的全球环境中对所有的市场机会加以利用（Johanson & Vahlne，2009）。跨国公司作为知识的存储者，具有区别于其他类型组织的独一无二的知识能力。对于来自不同行业的企业来说，知识的转移是相对困难的。在社会网络的背景下，当企业为了获得竞争优势而做出努力去获取补充性的资源，便会产生对于合作伙伴资源

的依赖性（Richey et al.，2007）。可见，外部的社会网络联系可以使跨国公司获得补充性的资源，从而创造价值（Harrison et al.，2001）。

现在学者们已经将社会资本的研究与管理学、经济学等领域相结合，并将其作为研究国际化的重要工具。有管理学者将社会资本应用于组织行为的研究之中，认为社会资本是组织的实际和潜在资源的总和，这些资源内嵌于组织的关系网络之中，并且通过组织间的网络关系进行传播（Nahapiet & Ghoshal，1998）。如果企业的社会网络关系足够完善，那么其所拥有的社会资本就会较为丰富，这不仅可以提高企业对环境的适应性，而且有助于企业改善经营绩效，从而在竞争中脱颖而出。

最近关于企业间关系的研究很多都聚焦于社会资本，这些研究也常常将社会资本与国际化相联系（Adler & Kwon，2002；Lavie，2007）。Nahapiet 和 Ghoshal（1998）认为社会资本是嵌入关系网络中的资源，以结构资本（如网络联系、配置）、关系资本（如信任、规范、责任、认同等）和认知资本（如共同愿景、语言）的形式表现出来。社会资本在网络关系中对资源的交换产生影响（Tsai & Ghoshal，1998）。

在本研究中，我们在 Adler 和 Kwon（2002）研究的基础上，将社会资本分为结构型社会资本、关系型社会资本和认知型社会资本三种类型，认为这三种海外社会资本会不同程度地影响跨国公司的学习能力和创新绩效。结构型社会资本是指跨国公司与东道国关系网络成员间的联系模式，是社会网络的非人格化的一面。结构型社会资本的一些指标包括网络配置、网络密度等，反映了跨国公司海外社会资本的联系模式，以及网络的连通性和信息流动的顺畅程度，是一个社会资本相对客观的维度。

关系型社会资本是指跨国公司通过网络关系的创造和维护所获得的资产，

强调了关系网络人格化的一面，是跨国公司在东道国市场所建立关系的主观体现。关系型社会资本包括组织信任和人际信任两个方面。其中，组织信任是跨国公司内部成员整体的信任，而人际信任更多地强调个体之间的信任。通过信任所建立的组织间的沟通渠道使得组织间的合作更加顺畅，组织间的关系更加紧密。

认知型社会资本是指得到广泛理解的资源，如共同语言、共同文化、共同愿景等方面。其中，关系网络成员共享的目标和文化是认知型社会资本的重要组成部分，反映了网络成员对目标的共同理解，看法和观点的一致性，以及彼此之间文化的相容性。

可见，由于海外社会资本的重要性，我们很有必要对海外市场的结构型社会资本、关系型社会资本和认知型社会资本进行深入的研究，探究这三种海外社会资本对中国跨国公司的能力构建和创新战略所产生的影响，进而探索海外社会资本向中国跨国公司在海外市场竞争优势的转化机制。

（二）创新是跨国公司在海外市场形成竞争优势的重要战略方式

创新是竞争优势的主要来源（Porter，1990），同时也是营销战略的核心概念（Varadarajan & Jayachandran，1999）。Rogers（1998）将创新定义为将新想法应用于产品、流程或企业活动的任何方面，其中包括将新的想法进行商业化和价值转化的过程。由于创新是与企业的财务绩效和生存能力密切联系的（Agarwal et al.，2006），因此创新对于企业维持持续的竞争优势来说至关重要。对于在全球市场经营的跨国公司来说，创新更是在获得海外市场绩效的过程中扮演了重要的角色（Jeong，2003）。

在快速变化的全球市场中，伴随着全球化的竞争，缩短的产品生命周期，不断丰富的顾客需求，跨国公司成功开发和传递创新的能力被认为是与获得较高的绩效水平和竞争优势相联系的（Helfat & Peteraf，2003；Artz et al.，2010）。因此，对于创新过程的有效管理成为理论界和企业界关心的问题（Bogner & Bansal，2007；Marsh & Stock，2003），尤其在国际市场环境下更是如此（Yalcinkaya，2007；Atuahene-Gima & Murray，2007；Hughes et al.，2010）。

随着理论界对于创新中全球化问题的持续关注（Golder，2000），最近的研究开始关注于创新环境下的国际化维度（Atuahene-Gima & Wei，2011）。一方面，对于跨国公司创新的研究发现国际市场对于企业的新产品绩效至关重要（Zhang et al.，2009），并且认为知识跨边界的流动是创新的来源（Kotabe et al.，2007）；另一方面，一些研究认为通过企业间跨边界的知识流动，企业可以获得显著的优势，从而提高自身的创新水平（Iwasa & Odagiri，2004）。

产品和服务的创新是企业缓解竞争压力的有效手段，如需求的不确定性和技术的波动性（Godener & Soderquist，2004）。组织能力在新产品开发过程中扮演了重要的角色（Brentani & Kleinschmidt，2004），有很多研究聚焦于组织能力对新产品开发的影响（Wind & Mahajan，1997）。但是大部分研究关注的都是突破式的创新，如创造市场前所未有的产品特征，很少有研究聚焦于渐进式的创新，如在现有产品的基础上添加新的特征，而更少有研究将两种创新方式同时考虑在内并加以对比。

可见，创新对于中国跨国公司在海外市场竞争优势的形成至关重要，企业间的国际合作日益频繁，创新性资源的流动逐渐增强，形成了覆盖全球的创新体系，其参与主体包括企业、政府、大学、科研机构等组织，并且涵盖了大部分行业。中国跨国公司若能充分利用全球化的创新体系，就可以通过创新在海外市场确立竞争地位，获得持续的超额回报，从而增强自身的经济实力，在全球化的竞争中脱颖而出。因此，我们有必要将不同的创新方式进行比较，研究跨国公司在海外市场的能力和战略因素与不同创新绩效间的匹配关系。

（三）组织学习是海外社会资本向创新绩效转化的重要途径

一般来说，创新是企业获取和利用新知识和市场机会的学习过程（Zahra et al.，2000），而知识正是持续竞争优势的重要来源（Grant，1996）。知识与组织学习是密切联系的，利用式学习和探索式学习这两种学习方式会对创新过程产生影响。March（1991）将利用式学习定义为对现有能力、技术和样式的改良和延伸；探索式学习是指具有不确定、远期的，并且经常是负向收益的，对新的替代品的试验（Levinthal & March，1993）。

跨国公司在海外市场会面临巨大的资源限制，并且会面对较大的不确定性，它们获取和利用知识的能力对于其生存与发展来说是决定性的（Zahra et al.，2000）。对于"走出去"的中国跨国公司而言，要在东道国市场开展经营，就要对当地市场和消费者有深入理解。为了解决在东道国市场所面临的问题，必须加大与当地市场的整合，深入理解当地的经济发展状况、人文环境和产业政策等问题，中国跨国公司应该针对海外目标市场，与海外市场的社会主体建立广泛的联系，从而拓展知识的来源。可见，跨国公司要想在海外市场取得成功，学习能力的培养至关重要。这就需要跨国公司同时培养探索式学习能力和利用式学习能力，从而能更有效地对东道国市场的知识进行吸收和转化。

社会资本理论（Social Capital Theory）强调了外部关系的重要性（Yli-Renko et al.，2001；Zahra，Ireland et al.，2000），这有助于我们对跨国公司海外市场

扩张的研究。有学者指出，社会关系是资源和知识的重要来源（Adler & Kwon，2002），在解释组织学习和绩效关系的时候，社会资本理论聚焦于网络关系在战略上的重要地位，而不是仅仅关注企业自身的资源条件。尽管组织学习被认为与社会资本之间存在一定的联系（Adler & Kwon，2002；Nahapiet & Ghoshal，1998），但是很少有学者深入地研究不同维度的海外社会资本是如何影响组织学习的，并且从能力的角度出发，研究组织学习能力对企业创新绩效的影响。

可见，组织学习在海外社会资本向创新绩效的转化过程中扮演着重要的角色，我们有必要将中国跨国公司的海外社会资本与组织学习相联系，探究不同类型的社会资本对组织学习能力的影响，以及不同组织学习能力的匹配战略对海外市场创新绩效的贡献程度。

二、中国跨国公司海外经营战略要素研究机制

本研究以中国跨国公司作为研究对象，根据理论界对于社会资本理论、组织学习理论、创新理论和知识转移相关理论的最新研究，探讨中国跨国公司通过组织学习能力的培养对海外社会资本的利用和转化机制，进而对创新绩效的影响，并在此基础上将探索式和利用式两种学习能力进行整合，形成四种匹配战略，即高探索—高利用战略、高探索—低利用战略、低探索—高利用战略和低探索—低利用战略，研究学习能力的匹配战略所带来的创新绩效的差异性。

在研究中，我们主要聚焦于海外市场中的社会资本，而非本土的社会资本。海外社会资本是指那些存在于海外市场、嵌入在企业国际关系网络、能够被跨国公司发现并利用，有利于实现其国际化战略目标的有形资源和无形资源。有

别于传统的本土社会资本，海外社会资本具有跨越国界的特性，海外社会资本的开发和利用将在很大程度上受到各国制度、经济、文化等因素的影响。随着这些因素在母国与东道国之间差异性的增强，跨国公司对海外社会资本进行开发利用的难度会增加。

在研究中，我们将跨国公司视为一个整体，研究跨国公司层面的组织学习能力。这主要包括当跨国公司学着去应对东道国市场状况时，从东道国市场中获取新的知识，以及与知识来源间的知识转移和整合。在这里，跨国公司在东道国市场所获得知识的主要来源包括顾客、供应商、科研机构、竞争者和政府机构等，这构成了跨国公司的海外社会资本。研究的主要目的是对现有研究的扩展和延伸，并且加深了对跨国公司组织学习的理解：① 我们探讨了三种海外社会资本对探索式学习能力和利用式学习能力的不同影响，并且对这种影响的差异性进行了对比；② 我们探讨了探索式学习和利用式学习的特点，以及这两种学习能力之间的关系；③ 我们将组织学习理论与创新理论相结合，进而辨别出不同的学习能力所带来创新绩效的差异性。

研究将跨国公司视为知识和能力的载体（Kogut & Zander，1996；Spender，1996）。根据知识基础观，跨国公司在海外市场中的竞争优势来源于更好地转移和吸收知识的能力。创新来源于对现有知识的整合和对新知识的获取和利用，通过组织学习获得的知识构成了跨国公司发展和增长的驱动力。本书聚焦于跨国公司通过嵌入海外关系网络的社会资本获得的外部知识，企业识别、吸收和利用外部知识的能力取决于网络成员双方的知识基础、组织体系等。因此，海外社会资本就成为跨国公司外部知识的重要来源和在海外市场创新的重要途径。

第二章　中国跨国公司海外经营相关理论综述

　　本章主要讨论与中国跨国公司海外社会资本转化机制有关的四个领域的理论内容。第一节主要介绍社会资本相关理论，包括社会资本的概念与特征、来源与作用，以及社会资本的维度划分及应用；第二节是对组织学习理论的文献回顾，其中包括组织学习的重要性、组织学习与动态能力的关系，以及两种重要的组织学习方式；第三节是对创新相关理论的讨论，包括创新的内涵和类型、主要的创新方式等内容；第四节回顾知识转移的相关理论，其中包括知识的定义和来源、海外市场知识的特点及其与社会资本的关系等方面。这四个方面的文献回顾为后面的研究提供了理论基础。

第一节　社会资本相关理论

　　要对社会资本进行系统的分析，我们首先需要辨别几个问题：① 社会资本的概念与特征；② 社会资本的主要来源；③ 社会资本的维度划分；④ 社会资本所产生的影响。本节主要介绍之前文献对于社会资本的不同界定，在文献梳理的基础上总结出社会资本的概念与特征，接着对社会资本的来源与作用进行分析，最后介绍了社会资本的划分维度以及在国际化研究中的应用。

一、社会资本的概念与特征

社会资本被定义为通过企业间持续的网络关系所获得的资源集合（Bourdieu & Wacquant，1992）。由于企业间依存关系的复杂性，学者们逐渐将研究从双边层面转向网络层面，以便能更好地了解关系网络所带来的影响（Ahuja，2000）。社会资本的概念十分适合于对企业间关系的研究。首先，社会资本有助于理解企业间关系的性质和特征；其次，社会资本强调知识资源的获取和流动，这有助于解释企业间绩效的差异性。

（一）社会资本的概念界定

社会资本（Social Capital）的概念最早由社会学家 Pierre Bourdieu 提出，对于社会资本系统的研究开始于 20 世纪 80 年代，Pierre Bourdieu 于 1985 年首次系统地提出社会资本的概念，认为社会资本是一种通过对关系网络的占有而获取的资源集合体，这种资源可以是实际占有的，也可以是潜在的。社会资本最初主要研究人与人之间关系网络中的共同资源，聚焦于美好意愿的培养、同情感，以及社团成员间的社会交往（Woolcock，2000），即人际关系网络，是一种有助于个体在社群中发展的关系型资源（Jacobs，1965）。自 21 世纪以来，经济发展逐渐呈现出全球化和一体化的趋势，世界也逐渐发展成为一个大的社会网络，社会资本理论逐渐成为管理学、经济学、社会学等诸多领域的研究主题。

对于社会资本的研究已经成为管理学领域研究的一个重要方面（Burt，2000），尽管学者们对于社会资本的构成还存在一些争议（Adler & Kwon，2002），但社会资本是一种有价值的资产，其价值来源于通过社会关系所获得的资源，这个观点在理论界已经达成一致（Granovetter，1992）。社会资本可以从不同层面对绩效进行解释，这使得许多学者在战略管理领域引入社会资本的概念。在理论界，学者们已经从多个层面对社会资本与绩效的关系进行了研究，从个体和小群体层面（Burt，1992；Brass & Burkhardt，2000）到更大的组织，其中包括企业（Tsai & Ghoshal，1998；Hansen，1999；Rowley et al.，2000），甚至是社会团体和国家层面（Putnam，1995）。

除了对于社会资本的重要性的一致性认可之外（Burt，2000），理论界对于社会资本的可操作性的界定和影响机制还存在一些争论。其中较为集中的争论在于：第一，在将社会资本理论化和对其带来的收益进行实证化探索的时候，是否单独将关系网络视为需要被考虑的对象。尤其在考虑社会资本对绩效的影响的时候，应当聚焦于"认识谁"还是"熟悉的程度"。第二，社会资本对绩效施加影响的方式也存在一些争论。学者们并未对封闭的网络（组织所有的联系方都处于同一个网络并彼此存在联系）和拥有结构洞的网络（组织的联系各方处于不同网络且彼此不存在任何联系）所带来的相对收益达成一致的意见。早期学者对社会资本的定义见表2.1。

表 2.1　有代表性的社会资本的定义列表

分析层面	作者	社会资本的定义
企业层面	Bourdieu（1985）	与拥有持续的制度化网络关系和相互的了解与认知相关的实际的或潜在的资源的集合，是由社会责任构成的，在特定条件下可以转化为经济收益
	Coleman（1990）	社会资本并不是一个单独的实体，而是由许多实体组成，包括了社会结构的一些方面，有利于促进个体的特定行为
	Fukuyama（1995）	在群体或组织中为了共同目标一起工作的个体的能力，在合作的群体成员间共享的价值和规范
	Burt（1997）	通过朋友、同事等关系获得的，使用财务和人力资本的机会，是关系网络中的中介
	Pennar（1997）	社会关系的网络，会影响个体的行为从而影响经济的增长
	Woolcock（2000）	主要研究人与人之间的关系网络中的共同资源，聚焦于美好意愿的培养、同情感以及社团成员间的社会交往
	Liu（2004）	社会资本是起到降低社会风险和不确定性作用的，并且有利于获得风险资本的资本
	Aquino 和 Serva（2005）	从共同知识的层面，认为共同语言作为个体在知识方面的共性，有利于社会资本的形成
	Lizardo（2006）	社会资本建立在员工社交性的基础上，社交性是对于发展有效的社会联系和社会网络所必需的社会技巧、能力、智力等因素
组织层面	Baker（1990）	社会成员从特定的社会结构中获取的资源，并且被用于追求自身的利益，创造与社会成员间关系的改变
	Putnam（1995）	如程序、规范和社会信任等社会组织的特征，有助于互惠互利地协调合作
	Brehm 和 Rahn（1997）	有助于解决集体行为中存在的问题的合作关系网络
	Portes（1998）	以在关系网络或其他社会结构中的成员身份获得收益的能力
	Yli-Renko 等人（2001）	企业与关键顾客、供应商之间有助于知识的创造、获取和利用的网络关系

分析层面	作者	社会资本的定义
组织层面	Adler 和 Kwon（2002）	社会资本来源于某一企业的外在社会关系，其功能主要是帮助社会参与者获得外部资源
	Hansen 等人（2005）	从关系网络的角度出发，一些网络联系会更有效率地提供隐性的知识和交流的信息，网络联系的强度和频率是社会资本的重要体现
	Totterdell 等人（2008）	在社会技能的基础上，对员工具备的有效社会交互所需的能力进行检验，这是组织为有效的社会交互提供必要的资源支持的前提
	Musteen 等人（2010）	与海外网络成员的交互频率会降低企业对于海外市场进入的不确定性，并且会提高国际化扩张的速度
整合层面	Bourdieu 和 Wacquant（1992）	实际或潜在的资源集合，带给个人或群体制度化的关系网络以相互了解和认可的机会
	Nahapiet 和 Ghoshal（1998）	内嵌于并且可以通过个体或社会单元的关系网络获得的实际或潜在的资源，包括可以在网络中转移的资产
	Woolcock（1998）	蕴含在关系网络中的信息、信任和互惠的规范
	Knoke（1999）	社会成员在组织内和组织间建立和移动网络联系，从而获得其他社会成员的资源的过程
	Hetty（2004）	一个有效的建议，网络可以有助于组织内指导关系的形成，通过先进的知识和经验为其他个体提供支持性建议，在组织内或组织间形成这种关系是十分重要的
	Andersen（2006）	网络联系的多样性程度越高，对于关系网络感知的信息价值就会越高，企业的社会资本转化就会越迅速
	Lee，Yang 和 Graham（2006）	包括社会网络关系中企业与价值链下游顾客间信任在内的垂直方向的顾客信任，以及企业内部水平方向的员工信任
	Allen 等人（2007）	通过在政策、工作描述和组织蓝图中界定正式的关系，对社会网络的形成和发展进行支持
	Li（2007）	弱联系可以提供新的知识，强联系可以为问题的解决提供关系的支持，构成了社会资本的基础

早期对于社会资本的研究是以个体为研究对象，集中研究嵌入个体网络的关系资源。Coleman（1990）在研究中指出，由于社会成员的利益会在很大程度上处于其他社会成员的控制中，他们会进行资源的交换以实现自身的利益，这样就会形成持续存在的社会关系，这不仅是一种个人资源，也是社会结构的重要组成部分；Burt（1997）将社会资本定义为朋友、同事之间的联系或更加广泛的社会联系，通过这种社会关系可以获得所需的资源，也就是说，社会资本是个体通过关系网络获取外部资源的有效途径；Nahapiet 和 Ghoshal（1998）在研究中将社会资本定义为"内嵌于个体或关系网络之中，并可从中获取的实际或潜在资源的总和"。以个体为研究对象的社会资本定义中所提到的资源，具体包括如声誉、信任、共同愿景、位置中心度、社会互动等，反映了社会关系网络的关系特征、结构特征等方面。

随着对社会资本理论研究的不断深入，学者们将对社会资本的研究从个体层面逐渐上升到更高的层面，如企业层面、组织层面和整个社会层面等。其中，企业社会资本的概念是在社会资本概念的基础上，进一步限定了研究的对象，即企业。比较经典的研究如 Burt 于 1992 年提出的结构洞理论，该理论是以高科技企业为研究对象，在将社会资本概念应用于企业内部和外部关系的基础上提出来的。Nahapiet 和 Ghoshal（1998）同样在研究中指出，企业社会资本是嵌入企业之中的，可以被企业所利用的，源于社会关系网络的实际或潜在的资源；Roger 等人（1999）指出，企业社会资本是通过社会关系网络获得的能够促进企业目标实现的有形或无形资源。这在一定程度上是对社会资本内涵的拓展，因为它不仅包括关系特征中的信任、规范等促进合作的无形资源，也包括通过关系网络成员获得的其他有形或无形资源。

学者们将社会资本的概念扩展到企业层面（Tsai & Ghoshal，1998），企业会在进行商业活动的过程中建立一系列的企业间的联系。这种联系包括买卖双方的关系、战略联盟、行业协会中的成员关系等。首先，企业间的关系是信息流动的渠道，对关键信息的掌握和对信息流的控制可以创造商业机会（Burt，1997）。其次，企业间的交互可以产生建立在互惠和平等规范基础上的责任和预期。由于企业间相互依存关系的复杂性，战略管理学者逐渐从双边层面转向网络层面的研究，以便于更好地理解网络的特性和效果（Shan et al.，1994；Ahuja，2000）。这些研究使用社会资本的概念对网络中的企业的特性和所带来的好处进行解释。

可见，社会资本按照主体的不同可以分为两种类型：企业社会资本和个人社会资本，而企业社会资本又可以分为企业外部的社会关系网络资本和企业内部的社会关系网络资本。因此，我们可以将社会资本用函数的形式表示出来：$CSC = f$（OSC，OA，ISC），其中，OSC 代表企业外部的社会资本，OA 代表企业内部特有的社会资本，ISC 代表个人社会资本。

（二）社会资本的一般特征

作为竞争优势的重要来源，社会资本具有区别于其他资本的重要特征，即社会资本来源于持续的、相互联系的个体间或组织间的关系（Bourdieu，1986；Coleman，1990）。社会资本既不像物质资本或金融资本那样可以轻易地从企业分离，也不像人力资本那样容易流动。

网络联系是网络成员之间相互联系的具体方式，联系是社会资本的最基本的方面，因为社会成员间的关系网络为社会资本的交易创造了条件（Adler & Kwon，2002）。企业内部网络的关键特征在于网络成员都属于同一个企业，因此成员的关系并不会存在本质上的差异。也就是说，网络成员的边界比其他类型的网络更具渗透力。相互合作的企业之间联系的性质会影响其管理人员之间的社会联系，如两个竞争企业之间形成的战略联盟之间的社会联系一般会比较慎重和紧张，因为合作各方都担心将自己有价值的知识泄露给另外一方。也就是说，企业社会资本为个体社会资本奠定了基础。两个相互合作的企业之间的网络联系特征，同时也是通过个体间非正式的社会关系形成的（Brown & Hendry，1998），因此，个体社会资本同时也形成了企业社会资本的基础。

可见，社会资本受约束于企业的组织、发展和战略（Nahapiet & Ghoshal，1998），社会资本是企业竞争优势最为持续的来源（Kogut，2000）。社会资本是一种内嵌性的资源，会通过市场关系、科层关系和社会关系三种路径，转化为企业的实际价值（Adler & Kwon，2002）。Adler 和 Kwon（2002）的社会资本的价值转化模型如图 2.1 所示。

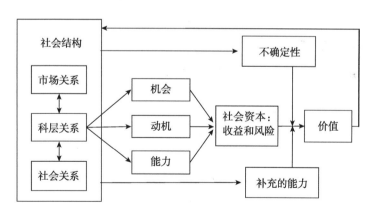

图 2.1 社会资本的价值转化模型

资料来源：ADLER P S，KWON S W，2002. Social capital：prospects for a new concept [J]. Academy of Management Review，27（1）：17-40.

从宏观角度来说，社会资本是指社会网络成员通过社会机制取得所需资源的一种能力。Fukuyama（1995）在研究中指出，社会资本是在企业等组织中，人们为实现共同目标而进行合作的能力；Adler 和 Kwon（2002）在研究中指出，社会资本有利于合作与协调，以实现共同利益为目标，包括信任、规范等社会组织特征。

无论是从个体的微观层面还是从组织的宏观层面，社会资本的特征都可以归纳为：首先，社会资本是一种对资源的使用能力。作为一种准公共物品，社会资本的价值在于充当联系的桥梁，即帮助社会关系网络节点上的参与者获取和利用内嵌于社会关系网络的知识资源。从微观层面来说，个体对外部资源的利用一般表现为资源的获取；从宏观角度来说，社会网络成员间的交互一般表现为资源的交换。其次，社会资本表现为一定社会关系的内嵌性。从理论的角度来说，对于一种资源的利用可以通过市场关系、科层关系和社会关系三种路径，但是其中只有对内嵌于关系网络的资源的获取和利用才属于社会资本的范畴。市场关系、科层关系和社会关系的特征比较见表 2.2。

表 2.2　市场、科层和社会关系对比

维度	市场关系	科层关系	社会关系
交换的对象	出售产品和服务或进行物物交换	为了物质和精神的保障，对权威的服从	支持、好感、经验和知识
交换的清晰度	具体	模糊	模糊
交换的显隐性	显性	隐性	隐性
对称性	对称	不对称	不对称

资料来源：根据 Adler 和 Kwon（2002）的研究整理。

（三）社会资本的嵌入性

Granovetter（1985）在经济交换中对于社会嵌入性的研究是对社会资本概念研究的先驱，他的观点来源于在经济交换中普遍存在但是经常会被忽视的规律：大多数行为密切地内嵌于人与人之间的关系网络之中（Granovetter，1985）。Granovetter认为嵌入性的独特特征揭示了市场和企业的规律，他的研究区分并且着重分析了在日常工作中具体的人际关系和社会网络关系，他在研究中对具体的人际关系及其在一些结构特征中的总体配置进行了区分。而后者，即嵌入性的结构特征，成为之后社会资本研究所关注的焦点。

尽管学者们较多地关注社会资本的结构嵌入性，但是对于究竟何种网络结构才是最好的并没有形成一致的意见。对于个体关系的研究中，Gargiulo和Benassi（2000）指出，对于究竟何种网络结构可以带来好处还存在根本性的争论：争论的一方是Burt的结构洞理论（Burt，1992），Burt认为社会资本所带来的好处来自非冗余的联系，即与某一社会主体的联系的缺失。当某一主体的联系彼此不熟悉的时候，它们更易于提供不同的、非冗余的知识和信息。Burt在Granovetter研究的基础上，认为弱联系比强联系更易于充当创新的信息的桥梁。弱联系的价值在于，它们更易于将彼此不存在联系的组织连接起来，充当它们之间的桥梁，这种联系可以有助于携带更多的信息，因此是十分有价值的。更进一步地说，某一主体的社会网络之间联系的缺失会使这个主体处于中间人的位置，从而可以在这些分散的联系之间充当桥梁和纽带，享受散播和使用这些信息所带来的收益。

与此相对应的是Bourdieu（1986）和Coleman（1990）关于社会资本的观点。Coleman认为社会资本的效用来源于封闭网络中的个人联系，这种个人联系可以引发个体和集体的行为。因为在一个封闭网络中，网络关系之间彼此交互，它们更易于传递和加强交换的准则，更易于控制成员遵守这种准则并且对违反的行为施加惩罚。拥有可遵守的群体准则可以降低环境中的不确定性，封闭的网络同样有助于责任的履行，成员可以对社会网络进行补充并为其带来附加值（Coleman，1988）。

封闭的网络结构所蕴含的内部凝聚力可以降低交易风险，并且提高组织与他人进行合作和获得所需资源的可能性。然而，结构洞带来的好处是非冗余的信息和对其利用的更大的自由度，网络的封闭性则是通过冗余的信息（群体的准则和规范），对开发利用行为进行限制并促进彼此之间的合作。因此，网络封闭性创造的价值来源于冗余和限制，这与结构洞理论的观点相反。只有很少的研究试图使用实证的方法对结构洞和封闭的网络进行研究（Podolny & Baron，1997）。

除了对以上问题的分析，还有研究从这些联系的重要性的角度进行分析。对于关系质量的重要性也存在一定的争论，一方面以 Burt 为代表的学者认为关系质量是基于人的，并且是由有能力的参与者决定的（Burt，1992）；另一方面，许多学者认为社会资本的价值不仅仅会受到联系结构的影响（Uzzi，1997；Leana & Van Buren，1999）。根源于 Granovetter 的嵌入性的概念，这种更广阔的观点对 Granovetter（1992）所提出的结构性嵌入和关系性嵌入进行了区分，也就是对网络配置和关系质量进行了区分。必须将两个维度都考虑在内才能对知识和信息的交换给出一个合理的解释，这两方面都有助于我们理解生产性交换中的嵌入性问题（Rowley et al.，2000）。

Nahapiet 和 Ghoshal 对 Granovetter 关于嵌入性的概念进行了重新界定，对这两个维度给出了更具实质性的定义。他们将结构嵌入性定义为人与人之间或组织之间联系的一般配置（Nahapiet & Ghoshal，1998）。这包括社会主体间网络联系及其结构特征，如集中度和层次性等。相比结构性嵌入的一般特征，Nahapiet 和 Ghoshal 将关系性嵌入定义为通过长时间的交互，人们彼此间发展的个人关系（Nahapiet & Ghoshal，1998）。关系性嵌入的主要方面包括人与人之间的信任和可信赖度、身份的重叠、亲近的感觉和彼此间的团结。然而，这种对于社会资本嵌入性的两分法同样缺少实证方法的检验（Rowley et al.，2000）。

二、社会资本的主要来源

这部分研究内容主要是从对社会资本不同分析层面的视角，介绍社会资本的来源，并且对社会资本的作用进行文献梳理和回顾，其中包括社会资本的功能、属性和为企业所带来的收益。

（一）社会资本的一般来源

学者们从不同层面对社会资本加以分析，如从国家或地理区域的层面（Fukuyama，1995）、集体的层面（Putnam，1993）、单个的网络层面（Burt，1992）、彼此间交互的企业层面（Baker，1990），以及个体参与者层面（Belliveau，O'Reilly & Wade，1996）。在一些研究中，社会资本被作为国家或地区促进经济增长的重要手段；而在另外一些研究中，社会资本被作为个人的资产，有助于个人职业的发展。而本研究主要聚焦于社会资本对企业的影响，社会资本具有不同的来源，我们可以同时从宏观和微观的角度对其加以分析。

一般来说，社会资本可以来源于跨国公司的内部网络，也可以来自跨国公司的外部网络。

1. 跨国公司的内部网络

跨国公司内部的关系网络是由在公司统一的身份下、不同的单位构成，跨国公司总部对各个分支机构进行控制和协调。根据 Ghoshal 和 Bartlett（1990）的研究，我们将跨国公司内部的网络看作各个单元的集合，而不是一个单独的整体。对于跨国公司的内部结构和运作原理的研究可以通过使用社会网络相关理论加以解释。跨国公司内部网络中所有权和不同科层权利是密切联系的，然而在不同的维度之间这种联系的强度是不同的，如对分支机构决策授权的分散化程度、所属行业的性质、总部和分支机构之间的地理距离和文化距离等。

2. 跨国公司的外部网络

社会网络的观点同样认为企业会通过企业间的网络联系获取所需的资源和能力（Gulati，1999）。然而，学者们并不认为网络结构仅仅是由企业层面产出的决定因素，组织外部的资源和能力同样在企业的绩效产出中产生了很重要的影响。与此同时，组织被它们现有的网络联系方式赋予权利并受其限制，网络联系同时促进和限制了企业的行为和产出。同时，企业嵌入组织间的关系网络，这揭示了企业所表现出来特定行为的原因。一些最近的研究整合了能力观点和网络结构的观点用以解释企业的绩效（Zaheer & Bell，2005）。

3. 跨国公司外部网络的主要形式——战略联盟

战略联盟是指一组企业自愿参与包括对产品、服务和技术的交流、分享和合作开发等一系列活动（Gulati，1998）。战略联盟的合作各方可以处于价值链相同的位置，也可以位于价值链不同的位置。当处于价值链相同位置的时候，联盟中的企业会生产相似的产品和服务，并且在相近的地理市场中进行竞争。企业同时与不同的合作方组成不同的战略联盟也是可行的，这通常被称为"联盟网络"（Koka & Prescott，2002）。"星座联盟"（Alliance Constellation）作为战略联盟更加复杂的形式，是指多个企业共同组成的一个战略联盟，例如航空公司之间航线代码的共享。尽管这些联盟形式涵盖了不同的组织结构和治理机制，但是它们具有和双边战略联盟相同的价值创造方式（Das & Teng，2002）。在不同的联盟合作方式中，知识转移在性质上是相同的，知识会在合作各方之间进行流动。

4. 跨国公司的国际化网络

国际化过程模型（Johanson & Vahlne，1977），也被称为 Uppsala 模型，是指通过逐渐的市场知识获取和学习形成的企业市场承诺。企业在国际化的过程中会选择进入与母国市场心理距离较小的海外市场，因为距离是不确定性的指示物。由于这个原因，起初的国际化过程模型主要聚焦于市场机会寻求的企业在国际化过程中渐进的行为（Johanson & Vahlne，1990）。然而，海外市场的不确定性可以通过与当地网络成员的密切合作来克服，Johanson 和 Vahlne（2006）在研究中强调了网络的观点，他们认为海外市场是由内嵌于社会网络的企业构成的。因此，企业的总部及其分支机构难免会在国际化过程中被包含在网络之中（Ciabuschi & Martin，2011；Yamin & Anderson，2011）。

对于在海外经营的跨国公司来说，有三个社会资本的重要外部来源。

一是来自其他企业社会资本。

一些研究表明，当跨国公司开发与其他企业之间的网络关系，它们可以通过获得资源、有价值的信息以及知识，来降低不确定性从而提高企业的绩效水平。企业和它们的关键顾客、供应商之间的网络关系有助于知识的创造、获取和利用（Yli-Renko et al.，2001）。此外，与顾客之间网络关系的维持可以提高顾客的品牌忠诚度，从而增加销售额（Park & Luo，2001）；与供应商的良好关系有助于获得高质量的原材料、更好的服务，以及更加便捷和可靠的渠道（Peng &

Luo，2000）；而与竞争者的关系可以有助于信息的共享，从而可以使企业了解到降低运营成本的方式和方法（Von Hippel，1988），或者通过合作进行共享资源，以应对环境中的不确定性。

二是来自政府机构的社会资本。

对于新兴国家市场来说，发展与政府机构的网络关系是至关重要的，如与监管、投资、行业政策等领域的政府机构建立联系。尽管随着经济自由化和私营化政策的实施，新兴国家市场众多经济领域逐渐放开，但是这些国家的政府机构依旧拥有较大的权力和掌控力。这些政府机构可以为组织获得财务资源提供便利，通过政府项目和合同的形式为组织提供机会，为满足政府标准的产品和服务提供认证和许可，提供关于将会影响企业行为和整个行业的新规定和新政策的信息。由于新兴国家市场正式制度结构的约束力还较弱，并且市场机制还不够完善，因此跨国公司的经营活动具有较大的不确定性。跨国公司与东道国政府机构发展的网络关系有助于保证顺利获取所需的资源、信息和知识，从而应对商业环境中较高的不确定性。

此外，Heertje（1998）在研究中指出，政府是形成错综复杂的经济和关系网络最重要的决定因素。组织层面的交易不仅局限于私人层面，而且在很大程度上还是要依靠政府所提供的如法律制度、经济基础、教育体制等作为保障。Tsui 等人（2006）在研究中指出，与政府的关系是一种凝聚了责任、义务和信任等因素的强网络联系。贺小刚和李新春（2005）指出，企业可以通过与政府的关系更好地获得政治资源，企业与政府的关系可以提升企业的经营绩效。也就是说，如果在某一东道国利用某种资源，企业就需要去和东道国的政府打交道。因此，跨国公司与东道国政府机构之间发展密切的联系可以有助于实现较高的绩效水平。

三是来自社会团体的社会资本。

新兴国家市场的文化是属于高度集体主义的文化，不断扩展和延伸的家庭与集体在个人的日常生活和企业的日常活动中扮演了重要的角色。这与 Jacobs（1965）所提出的个人和社会关系的强联系网络会随着时间不断发展，并且为集体行为提供了基础的观点相一致。社会团体是企业信息和资源传播的有效渠道，是跨国公司与东道国的相关资源交换的桥梁。跨国公司与东道国社会团体之间的关系可以有助于获取有价值的资源和信息，这是通过社会团体对跨国公司在该东道国活动的支持和认可实现的。

对于发达国家市场来说，社会团体的作用更大，拥有更多的权力，有时甚至比政府机构更具影响力。因此，发展与东道国市场社会团体的关系不仅可以帮助跨国公司获得财务资源，进入新的细分市场之中，赢得新的顾客并且获得新的专有技术，而且社会团体可以将跨国公司与更广阔的市场联系起来，并有助于信息和知识的传播。Kuanda 和 Buame（2000）发现企业与社会团体间的联系可以为他们提供有关商业机会的信息，这些商业信息与企业的财务资源和产品所在市场是密切联系的。因此，跨国公司与社会团体之间较强的社会网络关系会提高其在海外市场的绩效水平。

（二）个体社会资本与企业社会资本

尽管对于社会资本早期的研究聚焦于个体通过社会关系和社会网络的开发对社会资本的获取，以及社会资本对个体行为的影响（微观层面—微观层面），但对于社会资本的研究逐渐扩展到了组织层面（微观层面—宏观层面）（Gulati，1995；Andrew，2005）。企业的管理人员可以通过个人、社会以及经济关系开发出所需的社会资本，这些社会资本具体包括企业管理人员与供应商、顾客、竞争者、贸易团体、政府机构以及社区组织的个人和社会关系。

企业管理人员的社会资本可以转化为其所在企业的社会资本，并且为所在企业带来收益。通过关系嵌入机制所开发的个人和社会网络关系被作为信息、资源和机会传播的渠道，可以被企业所利用并且转化为企业的竞争优势（Gargiulo & Benassi，2000）。之前也有一些学者在研究中证实了管理者微观层面的社会资本可以为宏观层面的组织成功做出贡献，如 Nahapiet 和 Ghoshal（1998）指出社会资本会促进新的智力资本的开发，从而比竞争对手拥有更高的绩效水平；Leanna 和 Van Buren（1999）指出社会资本可以使组织更具柔性，从而可以对集体行为进行有效管理并且开发出智力资本，这有助于形成组织的竞争优势。也有学者从实证的角度证实了管理者的社会资本、组织资源获取能力与组织绩效的关系（Peng & Luo，2000；Yli-Renko et al.，2001）。

社会资本可以来源于个体层面，也可以来源于组织层面。对于网络中组织间的知识转移来说，会存在这两种社会资本中的至少一种，例如，在网络联系方面，通过非正式的社会交互形成的个体间的关系。相比之下，组织层面的联系对个体之间的联系有更显著的影响。与组织间的关系相比，在公司内部的网络中，组织社会资本可以被其成员轻易获取。公司内部的网络成员更易于向着共同的目标努力，共享综合的企业文化，并且彼此信任。因此，一些知识的获取和转移就会凭借关系网络的力量得以实现，分支机构可以顺畅地从跨国公司总部和其他分支机构获取特定的知识资源。

尽管公司的管理人员可能出于个人原因不对知识进行共享，但在企业之间的关系网络中，不会存在类似的不利于知识共享的企业层面的壁垒。然而，个人社会资本的建立会促进知识流动，例如分支机构派遣员工到跨国公司总部学习某种新的知识和技能，组织社会资本公共物品的特性会促使员工学习并掌握这些特定的知识。与个人社会网络不同，企业间的网络是一种具有组织边界的企业间的关系。这种关系的建立和维持并不能保证知识在成员间的有效流动，企业的网络成员间经常处于既竞争又合作的关系，这时知识可能流动得很缓慢或者根本不流动。如果要促进知识的转移和流动，对于这种合作关系的适当管理是十分必要的。企业社会资本的特性为个人社会资本的建立奠定了基础，同时，企业的社会资本是由个体社会资本构成的，企业社会资本成为合作企业之间知识流动的主要社会资本形式。

三、社会资本的作用与功能

随着全球化的发展，社会资本为我们在全球化的时代下研究企业提供了一个新的出发点。Ericsson 和 Michelson（1996）在研究中指出，企业的核心竞争力不仅取决于企业的组织资本，更在于企业的社会资本。组织资本反映的是企业的内部能力，而社会资本反映的是存在于企业外部的资源，是企业核心竞争力的重要组成部分。石军伟（2006）同样证实了社会资本是一种有利于形成企业竞争优势和提高企业管理效率的智力资本。

（一）公共物品与私人物品的观点

对于企业间关系的研究聚焦于包含多个成员的关系网络中的企业的嵌入性是如何实现的，社会资本的概念为描述企业之间的关系特征奠定了基础。Portes（1998）指出，Bourdieu（1986）的研究是第一个对社会资本所进行的系统性分析。Bourdieu 将社会资本定义为实际或潜在资源的集合，并且与拥有持续的和制度化的关系网络相联系。之后在 Coleman（1988）、Burt（1992）等学者研究的基础上，学者们对社会资本的概念达成了相对一致的认识，即社会资本代表了社会成员在社会网络或其他社会结构中通过网络成员的身份获取收益的能力（Portes，1998）。在组织层面，这些收益包括可以优先获得知识和信息、对于新的商业机会的优先选择权以及对网络规范更好的理解等。

尽管 Adler 和 Kwon（2002）提出了对社会资本研究的多种方法，但是有两种观点是十分重要的：一种观点认为社会资本是一种公共物品（Public Good）（Bourdieu，1986；Coleman，1988），他们认为社会资本是社会单元的属性，而不是属于个人的。作为公共物品，社会资本不仅可以被创造它们的社会成员获取并为其带来收益，而且可以为更大范围的社会成员所利用（Kostova & Roth，2003）。另一种观点来自社会网络理论（Belliveau et al.，1996；Burt，1997），即强调个体的收益，如职业生涯的发展，是来源于社会成员的社会资本，支持这种观点的学者认为社会资本是个人所拥有的私人物品（Private Good）。

可见，对于社会资本存在两种观点。一种主要聚焦于社会资本"公共物品"的特征，强调社会资本的宏观方面。支持这种观点的学者认为社会资本是社会单元的重要组成部分，而不是存在于个体层面的，个体只不过是社会资本的间接受益者。个体提高社会资本所带来的回报直接体现为社会单元整体的收益，只会间接地对个体产生影响（Asefa & Huang，1994）。另一种观点认为社会资本是一种"私人物品"，主要聚焦于个体及其积累的社会资产，如声誉等（Belliveau et al.，1996）。Burt（1997）也强调了在形成特定的社会网络形式时，个体层面所具有的优势。社会资本"私人物品"的概念可以用于个体、群体，甚至是组织和行业层面的分析（Gulati，1995；Walker et al.，1997），但是将社会资本的产出聚焦于为私人层面带来的好处。两种观点的对比见表2.3。

表 2.3　公共物品和私人物品观点的对比

属性	公共物品	私人物品
分析层面	宏观层面或中观层面	微观层面
对于个体的好处	间接	直接
对于集体的好处	直接	间接
联系的性质	弹性的	刚性的
对于个体的激励	较弱或适中	较强
对于组织的激励	较强	较弱或适中

资料来源：根据 Leana 和 Van Buren（1999）的研究整理。

之前的研究将社会资本定义为内嵌于个人或组织的网络关系中，并且可以从这种网络关系中提取和利用资源，这个定义是对私人物品的观点和公共物品的观点的整合。这些对于社会资本定义的核心假设在于将关系网络视为一种对于个体和组织都有价值的资源或资本。例如，企业与其他企业建立联系，如签订一个供应合同，这个联系就成为两个企业的社会资本。随着时间的推移，两个企业间的信任关系逐渐建立，除了企业间正式的联系之外，这种信任关系也构成了社会资本的来源，因此企业的社会资本是在不断增长的。通过社会资本，企业可以优先获取所需要的知识。

社会资本公共物品和私人物品的观点可能在某些方面是不相容的。例如，新成立的组织由于不具备社会资本，必须首先构建组织层面的社会资本。如果组织内的成员将社会资本作为私人物品进行开发利用，这不会有助于组织构建足够的社会资本储备以应对集体行为的需要。然而，如果个体通过自身的行为提高组织的社会资本，这同样会为他们自身带来间接收益。可见，在个人利益和集体利益之间达到平衡是十分关键的。

　　个体的社会资本来自个体的网络关系，与通过组织的关系网络获得的组织社会资本是不同的，前者具有私人物品的属性，而后者具有共公物品的属性。社会资本作为一种公共物品，组织成员可以对通过组织的关系网络获得的资源进行开发利用，而不用参与这些关系的开发（Kostova & Roth，2003）。这两个层面的社会资本通常是密切联系的，如企业的管理者通过其自身的社会关系和个人联系，可以帮助其所在企业与其他企业建立合作关系，在这种情况下，组织社会资本是在个人社会资本的基础上建立起来的。

　　社会资本公共物品和私人物品的观点不仅可以应用于企业与员工之间的关系，也可应用于企业之间的关系。Walker 等人（1997）发现企业间的社会资本有助于企业间形成合作关系，并且可以为整个行业带来正的外部性。企业之间的合作增加了其成员的稳定性和技术知识，使得行业内所有的企业受益，同样也会使每个企业的员工受益。尽管机会主义行为是存在的，并且不利于这种合作的形成，但 Walker 等人（1997）驳斥了公共物品与私人物品之间的这种背离。组织社会资本必须在组织层面不断地积累，并且不同于财务资本和物质资本。为了组织社会资本的持续性，通过社会资本的使用带来的好处应当被组织及其成员所认识到。

　　组织的社会资本被定义为反映组织社会关系特征的资源，是以组织成员集体的目标导向和彼此间的信任为基础的。本研究分析的对象是组织，因此我们主要聚焦于社会资本公共物品的特征层面。因此，我们对组织宏观的建构进行检验，如共同的目标和集体的行动。同时，在我们的讨论中也包含了社会资本个体的层面，如信任和网络联系。就像 Coleman（1990）、Nahapiet 和 Ghoshal（1998）所指出的那样，社会资本是一种共同拥有的资源，而不是被任何个体所拥有的。因此，我们关于组织社会资本的模型既将组织作为一个整体包含在内，也同时包括了其个体成员。也就是说，将社会资本私人物品的某些特征同公共物品的观点相结合。可见，对于社会资本公共物品的观点与私人物品的观点并不是矛盾的，在某些时候是相通的。

（二）社会资本的正外部性

社会资本的外部性是指某一关系网络不仅仅会对参与者自身产生影响（一阶效应），同时也会通过溢出效应影响与其相联系的其他参与者（二阶效应）。之前的研究直接或者间接地揭示了这种效应的存在，如 Bonacich（1987）的研究表明个体的权利会被其替代者的权利所影响，现在这种观点还被广泛应用于网络集中度的测量。理论界还没有关于二阶社会资本对个体产生影响效果的详细研究。Burt（2007）在对经理人员、银行家和分析师的研究中发现，当考虑到主体自身限制的时候，其合作者的网络限制并不会对主体的绩效产生影响。

结构洞（Structural Hole）位置所带来的收益对于一阶社会资本来说要高得多。第一，当资源流动不顺畅的时候，二阶社会资本会就会失去价值。第二，社会成员存在一种"本土搜寻"（Search Locally）的倾向，因此会忽视其本土社会资本及其环境之外的联系（Owen-Smith & Powell，2004）。因此，我们可以发现社会资本中直接联系带来的收益会抵消二阶效应所带来的收益，如果两种联系都处于非冗余的网络之中，对于二阶社会资本的溢出效应的利用就变得十分重要。一些研究证实了这种效应的存在，如 Bono 和 Anderson（2005）发现具有可变换的个性特征的领导者更加容易被选出来，并且会与同样具有高度集中性的领导者存在社会联系；Mehra 等人（2006）发现在金融服务企业的销售部门中，当团队领导者处于其关系网络更加集中位置的时候，团队的绩效会更高。

当某种社会行为，如建立和维持一个社会网络，除了影响其目标行为主体之外，还会影响到其他的社会参与者，这时外部性就会发生。对于社会资本的大部分研究聚焦于行为主体如何受益于其社会网络，社会主体直接的社会网络会决定其自身的绩效水平、能力和声誉（Brass & Burkhardt，2009，2012；Kilduff & Krackhardt，1994）。某一社会主体的社会网络是否会为其他社会主体带来附加价值仍然是一个未被解决的问题（Bowler & Brass，2006；Settoon & Mossholder，2002），然而这个问题对于解释社会资本的影响来说是十分重要的。使用社会资本理论对个体间的交流进行的研究主要聚焦于通过网络联系进行的合作性的、蕴含附加值的交流，并且这些研究聚焦于网络结构对于个体收益的影响（Adler & Kwon，2002）。

从个体的角度来说，某一员工的社会资本可以为其同事带来附加值，这不仅会为员工自身带来好处，也会产生正外部性。在 Coleman（1990）的研究中，他将社会资本视为"集体物品"，并且聚焦于对集体产出的研究。然而，这种集体收益的观点常常被与一种特殊的社会结构相联系起来，即封闭的网络，在一个社会网络中所有成员之间的直接联系（Putnam，1995）。与此相对应的观点是社会资本的中介机制，这会经常被与个体收益相联系，也会导致集体物品的溢出效应。

在社会资本的研究中，对社会资本正向外部性的研究还较少，基本处于研究空白。使用正外部性的观点对社会资本进行解释有别于使用私人收益的方法。首先，这涉及社会资本带来的产出，也就是社会资本所带来的绩效结果。有研究由从私人物品的视角对社会资本进行解释转为从公共物品的视角对其进行解释，也就是将某一行为主体的社会资本所带来的正外部性考虑在内（Leana & Van Buren，1999）。因此，关系网络中的合作双方是否会觉得这种合作的交互有帮助并且能够带来附加值是一个值得考虑的问题。为合作方带来的附加值包括时间、经验、洞察力、资源等。随着组织向扁平化发展，愈加依赖于团队合作，并且更倾向于知识密集型，这种思想和经验的传播对于组织的雇员来说更加重要（Smith et al.，1995）。

在使用正外部性的方法对社会资本进行分析的时候，同时也要考虑到社会资本的等级问题，探究对某一社会成员产生影响的社会结构是否属于二阶社会资本，即独立于社会主体所直接联系的网络结构的社会网络。对于二阶社会资本的研究还很少，仅有的研究也是处于研究初期阶段（Brass，2012）。Burt（2007）发现个体的绩效被与其直接联系的网络结构所影响，而不是被间接的联系影响的。

跨国公司会同时遇到正外部性和负外部性的情况，其中网络密度是一个度量外部性的重要指标。虽然网络密度一开始会带来合法性的好处，因此会产生正的外部性；但是在达到一定水平之后，网络密度的提高会使得知识过分冗余，知识冗余会使企业在知识选取的过程中花费更多的时间，从而影响企业的吸收能力，这会降低企业的决策速度从而使得企业不能及时抓住市场机会；同时，知识资源过多的冗余会增加维持网络关系的成本，从而影响企业的创新绩效，强的、冗余的联系会对知识的创造产生负面影响，这时候网络密度会带来负外部性的效果。

因此，企业的网络密度应该达到一个适当水平，在超过这个水平之后，网络负外部性的增加超过正外部性的增长。随着网络密度的提升，知识冗余会带来社会网络边际收益的递减，而随着产品和要素市场竞争的加剧，网络的边际成本会逐渐升高。而正负外部性的峰值，正是和边际收益与边际成本曲线的交点在一个位置，找到这个峰值交点，才是使企业社会网络正外部性实现最大化的关键，具体如图 2.2 所示。

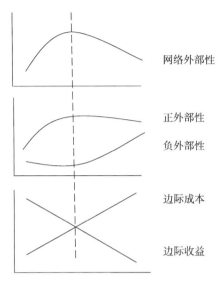

图 2.2 社会资本的外部性关系曲线

四、社会资本的维度划分与在国际化中的应用

Adler 和 Kwon（2002）将社会资本分为结构型社会资本、关系型社会资本和认知型社会资本三种类型，支持了社会资本三个维度的划分方式，认为三种社会资本反映了企业通过社会交互获得知识资源和信息资源的机会、意愿和能力。我们的研究建立在 Adler 和 Kwon（2002）对社会资本分类的基础上，并对其进行延伸。在这一部分，我们主要介绍之前学者对于社会资本维度划分的研究，以及社会资本理论在国际化研究中的应用。

（一）社会资本的维度划分

之前学者对社会资本的类型进行了划分。Nahapiet 和 Ghoshal（1998）在 Granovetter 的关系性嵌入和结构性嵌入研究的基础上，对社会资本进行了分类，从结构维度、关系维度和认知维度三个方面对社会资本进行了分析；Yli-Renko（2001）将社会资本分为三部分：企业间交互作用的水平，以互信和互惠为基础的关系质量，以及通过关系建立的网络联系；Landry（2002）在研究中从五个方面对社会资本的结构维度进行测量，即商业网络资产、信息网络资产、研究网络资产、关系资产和参与资产，并且通过互信机制的建立对认知维度进行测量；Krishna（2002）在研究中指出，结构型社会资本是指通过程序、规则等建立起来的社会网络关系，促进信息的共享和制定相应的政策制度，认知型社会资本是指共同的规范、价值观、信仰等。

按照社会资本的一般分类，可以将社会资本分为结构维度、关系维度和认知维度三个方面。Nahapiet 和 Ghoshal（1998）将企业的社会资本分为三个特征维度，即结构维度（Structural Dimension）、关系维度（Relational Dimension）和认知维度（Cognitive Dimension）。社会资本的结构维度是指企业社会关系网络的结构方面的特性，如网络关系的强弱程度、网络密度等结构特征；社会资本的关系维度是指通过人际关系的建立和维持来获取稀缺性的资源，主要表现为社会网络成员间的相互信任程度和相互依赖程度，以及成员间的相互认可和尊重等；社会资本的认知维度是指通过社会网络成员间共同语言、观点、立场等方面的联系，为企业实现目标所提供的资源的价值。

关系型社会资本被看作社会资本的核心概念。一些学者开始在一些广义的研究中使用关系规范的术语与社会资本的概念进行互换，也就是说社会规范是以社会资本的不可见的形式在网络关系中体现出来的（Griffith et al.，2010；Ghauri & Sinkovics，2010）。关系型社会资本为跨国公司在国际化战略资源获取过程中的行为提供了更好的解释，以信任为代表的关系资本可以轻易地与以网络联系和社会交互为代表的结构资本相区分开来（Inkpen & Tsang，2005）。而结构型社会资本可以被理解为相互联系的社会成员间重复性的行为（Lavie，2007），结构型社会资本在国际化过程中也扮演着重要的角色。例如，网络成员间较强的结构联系可以促使合作双方进行密切的资源交换（Capaldo，2007；Gulati et al.，2009）。

Adler 和 Kwon（2002）认为结构型社会资本、关系型社会资本和认知型社会资本分别反映了企业组织间通过社会互动获得资源的接触机会、交换意愿与认知能力。这种对于社会资本的分类为社会资本相关领域的研究提供了一个清晰的概念框架，并在企业社会资本的实证研究中开始得到广泛应用（Tsai & Ghoshal，1998）。

Adler 和 Kwon（2002）采用两分法对社会资本进行分类，将中观层次和微观层次的社会资本合称为外部社会资本，因为这些社会资本来源于某一企业的外在社会关系，这些社会资本的功能主要是帮助参与者获得外部资源；Adler 和 Kwon（2002）将宏观层次的社会资本称为内部社会资本，由于这些社会资本形成于参与者的内部关系，其作用在于提升整体的行动水平。对于社会资本的分类，之前的学者从不同的视角对其进行划分，并阐述了社会资本的具体构成要素，为研究社会资本的形成和作用机制奠定了基础。

表 2.4　社会资本的维度与网络类型

社会资本维度		企业内部网络	两个企业间的网络	多企业之间的网络
结构维度	网络联系	成员内部和成员间的联系	成员间的联系决定了社会联系	社会联系是成员间联系的基础
	网络配置	分层级的成员间易于确立联系	非层级的、很有可能利用结构洞的位置	非层级的、密度较高的网络
	网络稳定性	稳定的成员关系	较高的不稳定性	动态的，伴随着成员的不断加入或离开
关系维度	信任关系	较少的机会主义风险，基于制度的信任	较大的机会主义风险，基于行为的信任	基于过程的信任
认知维度	共同目标	成员向着总部设定的共同目标努力	能够相容的目标，但是很少有共同目标	既没有共同的目标也没有相容的目标
	共同文化	总公司的文化	成员间存在文化冲突和妥协	基于行业特征

表 2.4 展示了社会资本的三个维度与不同网络类型的关系，通过文献回顾，我们研究了社会资本的不同维度是如何内嵌于每种网络类型之中的。关系网络包含了许多不同类型，且这些类型间存在较大的差异性，如企业内部网络、企业之间的网络等。我们从微观层面到宏观层面，选择了最具代表性的三种网络类型，即企业内部网络、两个企业间的网络和多个企业间的网络，展示其与社会资本的三种维度间的关系。

在经典的社会资本三个维度的分类框架下，学者们对社会资本的每个维度又进行了具体的划分，将其划分为许多子维度，这些子维度的划分源于不同的分类标准。学者们在进行社会资本与企业国际化关系的研究中所选用的子维度也存在很大差异，一些学者从社会资本自身的维度特征出发，如 Nahapiet 和 Ghoshal（1998），Yli-Renko 等人（2001），Landry 和 Amara（2002），王霄和胡军（2005）。其中，柯江林等人（2007）在对知识和社会资本关系的研究中将社会资本分为个人社会资本、团队社会资本和组织社会资本几种类型，并且从能力的角度把社会资本定义为内嵌于关系网络中的资源。目前理论界一致认为关系网络的嵌入性是社会资本最主要的特征。杜建华等人（2009）在社会资本嵌入性的基础上，研究了社会资本的分类，如图 2.3 所示。

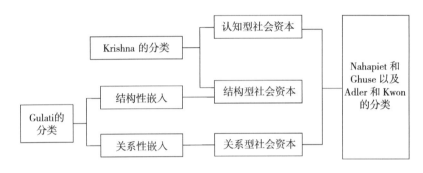

图 2.3　社会资本的抽象分类

资料来源:杜建华，田晓明，蒋勤峰.基于动态能力的企业社会资本与创业绩效关系研究 [J]. 中国软科学，2009（2）：115-126.

（二）社会资本理论在国际化中的应用

在对企业国际化的研究中，北欧瑞典学派的 Uppsala 模型受到广泛关注。Johanson 和 Vahlne（2006）在研究中指出，Uppsala 过程模型首先从知识的角度研究了企业的国际化，为知识与企业国际化相结合的研究奠定了基础。该模型假设,根据市场不完备理论和信息不对称理论,企业不具有完全的国际市场信息,其国际化进程会随着国际化经验的积累和知识的增加而逐渐提高。可见，企业的国际化过程是一个循序渐进的过程。Uppsala 模型还假定了企业关于国际市场和海外顾客等相关知识主要来自在东道国市场的实际经验。Uppsala 模型把企业在国际市场的知识分为客观知识和经验知识两种，客观知识是指易于跨国界传递的、可以进行编码的，也会被竞争对手所利用的知识；经验知识是指具有一定的东道国属性的，难以转换和被模仿的知识。

　　近些年理论界对于 Uppsala 模型的研究逐渐将其应用于知识和社会资本的研究。企业国际化方面的知识既包括内部技术知识也包括外部市场知识。在 Uppsala 模型中，Johanson 和 Vahlne 运用认知型社会资本的概念来分析企业海外市场选择与进入的决策问题。认知型社会资本强调社会网络成员间的共同经历和共同的价值观，认知型社会资本在 Uppsala 模型中被表述为心理距离，具体指母国与东道国在政治、经济、文化、法律和市场等方面的差异性。

　　Johanson 和 Vahlne（1977）在模型中指出，跨国公司会首先选择进入邻近的国家，之后才会进入心理距离较远的国家和地区，此外，企业只会逐渐地增加它们在海外市场的资源投入。国际扩张中核心的问题不仅在于母国与东道国之间的心理距离，同时也在于企业很难完全融入东道国的社会网络之中。Johanson 和 Vahlne（2009）指出，当企业以一个新进入者的身份进入东道国市场，相互适应的过程大约需要五年时间，掌握东道国市场的关系资源有助于企业开发和利用东道国市场存在的商业机会，这比缩短母国和东道国之间的差异更为重要。

　　社会资本理论认为，企业全球化经营的前提是规避国际市场上的经营风险。由于外部环境具有较高的不确定性，企业在国际化区位选择时一般会选择那些已经建立一定社会网络关系的市场，以充分利用现有网络中的知识资源，并在此基础上对关系进行扩展和延伸。如果将企业在国际市场的经营过程看作知识积累和组织学习的过程，那么企业的海外社会资本就可以通过知识的集中和交易成本的节约来促进企业创造、积累和利用海外丰富的知识和经验，从而反过来影响企业的全球化进程。根据资源基础观，企业国际化经营的战略决策受制于其社会资本的多少（Madsen & Servais，1997）。正如 Johanson 和 Mattsson 在研究中表明，行业的系统性构成了企业间的网络关系，它由众多从事生产、经营、销售的企业所构成，企业在社会网络关系中的地位是由企业与其他企业的相互关系，以及其在行业中扮演的角色和对于其他企业的重要性三个方面所构成的。

社会网络理论认为，企业海外市场的进入模式取决于社会资本与进入模式之间的匹配，例如海外消费者的信任度对于企业的海外经营至关重要，这决定了企业海外进入的方式和在海外所采取的具体的发展战略。企业可以通过联盟的方式，在已经进入的海外市场选择代理商进行合作，利用代理商的社会网络关系推动企业的经营活动，并避免因缺少商誉而导致的经营风险。

如果企业本身缺乏丰富的社会网络关系，那么在实际经营中可以利用国际市场上的网络资源来弥补自己的缺陷和不足。根据 Johanson 和 Mattsson 的国际化理论，存在于国际市场中、有利于企业国际化的强联系相当于社会资本理论中的关系型社会资本，企业在全球产业网络中的地位与身份相当于社会资本理论中的结构型社会资本。Meyer 和 Skak（2002）指出，企业的全球化过程就是企业获取、发展和利用海外社会资本的过程。也就是说，社会资本在不同方面影响着企业的全球化过程，例如创造新的全球商业机会，通过新的客户网络关系的建立进入新的市场，获取企业全球化所需的知识资源，及时获得全球化决策所需的市场知识从而加快企业的全球扩张进程。

关于跨国公司国际化过程中社会资本获取和利用的研究，其主要研究发现还包括：Uzzi（1997）发现海外社会资本与企业家社会网络周期和绩效存在联系，企业社会网络的周期性与社会网络的封闭性存在密切的关系；Arenius（2002）发现那些位于社会网络关系中的结构洞的企业，由于较少地存在网络关系冗余和结构同质性的问题，一般能够获取较高质量的社会资本，而这反过来能促进企业知识资源的获取，因此更有利于企业在社会网络关系中占据重要的位置；Prashantham（2004）指出，企业海外社会资本的获取受到企业国际化经验与外部环境匹配程度的影响，特别是文化因素、制度因素以及社会网络自身性质的影响。

第二节　组织学习相关理论

本节主要对先前学者关于组织学习的相关研究进行文献梳理，首先提出在海外市场中组织学习的重要性，其中包括组织学习与社会资本的关系，以及组织学习对于跨国公司的重要作用；接着对组织学习与动态能力的关系进行介绍，主要包括组织能力的重要性，以及动态能力的概念在组织学习中的应用；最后对两种主要的组织学习方式进行介绍，即探索式学习和利用式学习。

一、组织学习的重要性

在关于组织学习（Organizational Learning）的文献中，学者们都是将学习定义为知识获取、知识吸收和知识利用的过程（Cohen & Levinthal，1990；Argote，1999）。根据组织学习理论，企业通过组织学习获得复杂的、多样性的知识基础，不仅可以降低技术准入的限制，同时可以提高创新绩效，这是通过提高企业对于顾客需求的快速反应能力和对于顾客需求转变的预期来实现的。

企业可以通过开发社会资本来获取新的知识，而企业对于知识的获取形成了企业的学习过程。一些研究表明，组织间的关系为知识的获取和利用创造了条件（Dyer & Singh，1998；Lane & Lubatkin，1998）。通过与其他组织的交互，企业可以获得外部知识，并且将这些知识与现有的知识进行整合。同时，这些关系网络也为新知识的应用创造了条件。

（一）组织学习与社会资本的关系

关于跨国公司学习的研究，一般的理论基础为组织学习理论（Huysman，2000；Schulz，2001）和资源基础理论（Barney，1991）。其中，组织学习理论可以分为个体学习、群体学习和组织学习三个层面（Crossan，1999），而后又扩展到组织间的学习和网络学习。其中，网络学习是指在某一网络环境中对知识的获取和利用，在网络层面上对知识进行寻求，并且在网络中创造新的知识（Kekale & Viitala，2003）。随着经济全球化的发展，网络学习成为跨国公司获取知识资源，并将其转化为全球竞争力的重要途径和手段。

社会资本的概念最早被应用于对社会团体的研究，用以描述团体中内嵌于个人联系中的关系资源（Jacobs，1965），之后社会资本的概念被广泛应用于对组织内外部的研究（Burt，1992；Nahapiet & Ghoshal，1998）。一般来说，企业外部知识的获取取决于社会资本的三个方面，即企业间的社会互动程度、基于信任和互惠的关系质量、通过关系网络建立的网络联系。其中，社会互动是指企业与网络成员之间的社会关系程度（Nahapiet & Ghoshal，1998），关系质量是指通过彼此的信任和对互惠互利的预期所形成的交互程度（Dyer & Singh，1998）。

社会互动通过双向的关系发展而来，是基于网络成员对彼此能力和可靠度的满意而形成的（Larson，1992）。这种社会互动越多，所交换信息的密度、频率和范围就会越大。Larson（1992）发现企业与网络成员的社会互动程度越高，其交换的信息就会越丰富，社会互动提高了基于关系的共同知识，共同知识反过来可以提高吸收能力。网络成员间的关系质量是通过双方的共同目标、共同规范和彼此间的信任关系形成的（Tsai & Ghoshal,1998）。Dyer 和 Singh（1998）指出，对于组织间的关系而言，共享技术秘诀的成本较高，企业必须能有效地促进知识的共享和避免搭便车行为的发生。

因此，互惠互利的规范和信任关系是促进有效知识共享和避免机会主义的重要途径。Larson（1992）在研究企业与顾客和供应商的关系中指出，规范有助于企业间的知识交换，有助于创新和信息的分享。较高水平的互信有助于知识的获取，共同的目标降低了正式制度建立的必要性，使得企业可以投入更多的时间和精力用于知识的吸收和利用。共同的目标也促进相容的制度和文化的形成，基于互惠和信任的关系降低了议价所需要的时间和成本（Dyer & Singh，1998）。

通过网络关系获得的知识不局限于某一网络成员自身所掌握的知识，同时网络成员也会与更广阔的市场环境和其他网络成员相联系，这种联系对于创新性知识的传播至关重要。之前的文献研究了企业如何通过组织间的环境创造学习的机会，如买卖双方的关系（Von Hippel，1988）和顾客与供应商之间的关系（Larson，1992）。Zhao 和 Aram（1995）发现广泛的顾客联系有助于通过关键顾客获取知识，因为企业可以通过关键顾客获得新的外部知识，这也是组织学习的过程。

共同的知识有助于网络成员彼此间的学习，McEvily 和 Zaheer（1999）发现拥有不同的外部联系对于在新的竞争环境中的组织学习是十分重要的，他们指出网络联系可以通过扩大和加深市场知识从而有助于竞争能力的开发，拥有较多的网络联系可以增加未来学习的机会。Zahra 等人（2000）认为，增加联系的多样性可以提高企业学习的深度、广度和速度，保持多样化的外部联系可以提高企业"干中学"的能力，提高组织学习的速度和深度。

（二）跨国公司的组织学习

跨国公司有时会将对外投资作为跳板，以获得海外的战略性资产，从而更有效地与全球竞争对手展开竞争，并且规避了在母国所面临的制度和市场的限制（Luo & Tung，2007），并且有效地克服了在全球市场中的"后来者劣势"（Latecomer Disadvantage）。跨国公司在选址决策和进入方式选择中并不是路径依赖的，它们对海外的投资主要基于一些驱动力，如全球竞争对手在母国的出现，技术和产品研发的快速变化，以及本土制度的限制。同时，跨国公司的"走出去"也会受到母国政府的支持、来自发达国家的企业出售或分享战略资源的意愿，以及世界经济和全球商业体系的持续整合等方面影响。其中，学习海外东道国市场先进的知识和经验成为跨国公司"走出去"的重要驱动力。

通过组织学习获得海外的知识资源，跨国公司可以克服自身的劣势，如不完善的治理机制，全球化经验、管理能力和专业性知识和技能的缺失，以及较弱的技术和创新能力等（Luo & Tung，2007）。来自新兴市场的跨国公司仍然遵循递增的国际化方式，组织学习对于它们来说仍然是十分重要的，这也是进化过程理论（Evolutionary Process Theory）的核心观点（Johanson & Vahlne，1977）。

政府的管理体制仍然是对于企业最具影响力、最复杂和不可预测的环境因素（Tan & Litschert，1994），对于在海外市场开展经营的跨国公司来说更是如此。也有学者认为，相比制度因素，风俗、传统和行为规范等非正式的因素对企业的影响更为重要，由于这些因素具有社会嵌入性，会促使制度因素发生改变，而之前就存在于制度体制下的关系网络仍然是有效的（Granovetter，1985）。跨国公司要通过有效的组织学习，才能够获取这些蕴含在正式制度和非正式制度关系网络中的知识。

随着市场和技术全球化的发展，顾客预期的提高，竞争压力的增大，以及商业周期的缩短，现如今组织学习对于跨国公司来说比以前更为重要。这种快速的变化不仅会对发达国家市场产生影响，同时也会对新兴市场产生影响，因此对于不同市场跨国公司组织学习差异性的研究就变得尤为重要，从而使跨国公司获得期望的绩效产出。

理论界和实务界普遍认为跨国公司会对在东道国市场的学习进行投入，并使其效果最大化（Bartlett & Ghoshal，1989），这取决于跨国公司关系网络成员的经验和创造力。因此，跨国公司对东道国市场创新潜力的利用就成为其根本的战略诉求（Birkinshaw，1997）。尽管之前有一些关于跨国公司知识转移的研究（Kogut & Zander，1993），对跨国公司分支机构间知识流动的研究（Ghoshal et al.，1994），以及关于在国际扩张过程中获得东道国市场当地知识的重要性的研究（Barkema & Vermeulen，1998），但是这些对于组织学习和知识转移关系的研究还比较浅显，较少有从实证角度对其加以验证的。

二、组织学习与动态能力的关系

企业长期以来的竞争力来源于提高效率的能力和有效创新的能力，组织的动态能力不仅依赖于对现有技术资源的利用以保证效率，同时也依赖于通过探索式创新所带来的变化（March，1991；Teece et al.，1997）。战略和组织的相关理论也表明，动态能力同时将企业的利用能力和探索能力联系在一起（Ghemawat & Costa，1993），企业持续的竞争力不仅在于对现有能力的整合和利用，同时也来源于对新能力的开发（Teece et al.，1997）。

（一）动态能力的重要作用

组织能力是企业竞争优势的主要来源之一（Barney，1986），在动态的竞争环境下，企业必须调整自身的组织能力以与其战略相匹配（Grant，1996）。持续的竞争优势需要建立在企业核心能力的基础之上，而企业的组织能力可以被应用于不同的创新战略（Prahalad & Hamel，1990）。Kim 等人（2012）在研究中指出，对于组织能力的有效运用可以帮助企业对外部的环境变化做出反应，如顾客需求的变化、技术的波动以及产品开发成本的变化等。此外，具有较高组织能力的企业可以快速地将新产品投放到市场（Zander & Kogut，1995）。

企业可以有多种方式培养组织能力，如通过质量的提高，企业可以有效进行突破式和渐进式的产品创新（Kim et al.，2012）。企业通过将组织能力运用于质量提升的过程，从而有助于企业开发出在质量上区别于竞争对手的产品。同时，这也有助于对顾客需求做出快速的反应，并且可以降低新产品的开发成本（Nari，2006）。随着顾客需求越来越专业化和快速的技术变化，具有较高预期的顾客需要突破式创新的产品满足其需求，突破式创新的产品能为顾客带来市场上其他产品所不具备的优势。很多企业由于传统组织结构的限制而不能够为顾客提供创新性的产品和服务，为了应对这种情况，企业必须培养相应的组织能力以应对创新的需要。企业可以通过影响组织文化和组织结构来满足创新的需要，从而提高长期的竞争优势。

许多学者认为，动态能力是动荡环境中竞争优势的来源（Teece et al.，1997）。Volberda（1996）认为，动态能力类似于一种灵活的组织结构或有机结构。根据 Teece 等人（1997）的研究，动态能力是指企业开发新的资源和建立新的资源基础的能力；Eisenhardt 和 Martin（2000）将动态能力定义为企业整合、重新配置、获取和释放资源的过程，使其与市场的变化相适应甚至会带来市场的改变。动态能力一般与资源基础观相联系（Barney，1991），对资源的流动进行管理从而创造有价值的资源组合。企业必须同时精通于资源的选择和资源的构建（Makadok，2001），企业通过选择、提取和重新配置资源，可以获得持续的竞争优势。由于既定的资源配置方式十分难以模仿，因此获取和利用资源的能力是难以复制的。

动态能力框架对于解释企业长期的竞争力来说是一个重要的理论工具（Ambrosini & Bowman，2009）。在现有的竞争环境下，企业需要持续地对其现有的产品和服务进行改进以获得成功，企业可以通过内部开发，也可以通过与网络成员的合作，获取外部的技术和能力来实现这些创新。国际网络成员间的合作可以促进补充性资源的交换，从而有助于动态能力的培养，使这些动态能力转化为创新（Buckley & Casson，2009）。因此，动态能力可以被看作企业网络资源间的连接机制（Cohen & Levinthal，1990）。

动态能力有助于企业通过新的方式转移、整合可利用的资源，以应对变化的市场环境（Ambrosini et al.，2009）。动态能力理论认为市场是变动的，企业不仅要关注所拥有的资源，更要培养对这些资源获取和利用的能力。企业会随着时间的推移不断演化，并对自身能力进行不断更新（Zahra et al.，2006）。

Teece（2007）认为，动态能力是感知和塑造机会，并且利用机会对资源进行强化和整合来维持企业持续竞争力的能力。Ambrosini 等人（2009）指出，动态能力可以分为三个层次：渐进式的动态能力，即与持续改进企业资源基础相关的能力；更新的动态能力，即与更新、适应和扩大企业资源基础相关的能力；再生的动态能力，即改变企业资源基础并对其更新的能力。

（二）动态能力在组织学习研究中的应用

组织学习有助于动态能力的培养，Wang 和 Ahmed（2007）在研究中指出，企业的动态能力包括三个方面：吸收能力（Absorptive Capability）、整合能力（Adaptive Capability）和创新能力（Innovative Capability）。Cohen 和 Levinthal（1990）认为吸收能力代表企业识别新价值的能力，即吸收能力是识别新的外部知识，对这种知识进行吸收，并最终将其应用于实践的能力，这是一种对知识进行感知、衡量和评估，并且对外部知识进行应用的一种能力。一个具有较强吸收能力的企业会表现出向产业链上下游的顾客、供应商及竞争对手学习的迫切愿望，整合外部的知识并将其转变成嵌入性的企业的内部知识。

企业的吸收能力越强，则企业的动态能力就会越强，吸收能力是企业动态能力的重要组成部分。George（2005）的研究表明，企业运用能力去获得外部的、新的知识，吸收已经存在且内在的知识，创造出一些新知识，这是企业动态能力的重要因素。George（2005）同样指出，企业通过自身能力获得外部的知识，对新的知识进行消化吸收，并且与已有的知识基础进行整合，最终创造出新知识，这体现了动态能力的作用过程。吸收能力强调对于外部知识的吸收和利用，将其转化为企业内部知识的能力；整合能力是指企业灵活应对环境变化，对企业内部因素与环境因素进行有效整合。

　　整合能力是指企业认识并利用已经存在的市场机会的能力。整合能力的定义最早由 Chakravarthy（1982）提出，整合能力更多地关注开创性的和探索性的战略领域，并且通过战略的灵活性来展示企业的内在灵活性，并利用此能力获得相关资源（Sanchez，1995）。整合能力是指对已经存在的市场机会的利用，更多地强调开发和利用的过程，体现了战略的灵活性（Staber & Sydow，2002）。创新能力是指将企业内部的知识优势转化为企业在市场上的竞争优势和竞争地位的能力。Wang 和 Ahmed（2004）的研究已经确立了测量企业创新能力的有效方法，并且从战略性创新导向、行为、过程、产品和市场创新几个方面，开发出多角度的指标用以测量创新能力。

　　一般来说，吸收能力是指对外部知识进行开发利用的能力，是指将企业外部的知识与内部的知识基础相结合并最终将其吸收并在企业内部进行使用的能力；整合能力是指企业能够及时有效地通过资源的灵活性，协调资源之间的关系以应对环境变化的能力，整合能力聚焦于协调内在的企业因素和外在的环境因素；创新能力能够有效地将新产品或者新服务产生的市场优势和企业内在的创新性相结合，并且将这种优势应用于最终市场。

　　之前学者们将动态能力与组织学习相结合，进行了细致的研究。Eisenhardt 和 Martin（2000）指出，动态能力是与环境的动荡性紧密联系的，海外市场存在着较高的不确定性，这就为动态能力的开发提供了背景和基础；Zollo 和 Winter（2002）指出，动态能力是集体活动的一个学习模式，组织可以通过这种模式改进经营活动以提升效率；Winter（2003）对动态能力的内涵进行了深入的研究，认为企业通过组织学习，对现有的能力进行改造和提升，从而可以提高企业的效率。组织学习是企业能力演化的重要途径，企业知识的形成过程也是企业动态能力的形成过程，企业在追寻新知识的学习过程中，促进了动态能力的形成。

三、两种重要的学习方式：探索式学习与利用式学习

探索和利用是关于组织学习研究的两个重要的相互联系的概念，然而对于探索和利用两种学习方式的研究还存在很大的空缺，还有很多问题没有解决，如这两种学习方式是一个连续统一的两端还是相互平行的概念，以及组织如何在探索式学习和利用式学习之间实现平衡等。

（一）探索式学习与利用式学习的界定和内涵

之前的研究表明，有两种不同的学习方式会使企业投入大量资源进行维持，即探索式学习（Exploratory Learning）和利用式学习（Exploitative Learning）。探索和利用的概念经常在管理学领域的研究中被当作一种分析工具，如战略管理（Winter & Szulanski，2001）和组织学习（Holmqvist，2004）等领域。这些研究表明，探索和利用需要不同的组织结构、流程、战略、能力和文化作为支撑，会对企业的适应性和绩效产生不同的影响。一般来说，探索式行为与有机的结构、松散耦合的系统、开创性、自主权，以及新兴市场和新兴技术相联系；利用式行为与刚性的结构、紧密耦合的系统、路径依赖、控制和官僚主义，以及稳定的市场和技术相联系（Brown & Eisenhardt，1998）。

探索式学习所带来的回报更加易变，在时间上更慢，也就是说，探索式学习的企业通过经历大量的成功和失败，会具有更大的绩效变异性。探索式学习具有内在的风险性，但是这些活动增加了获得显著高于或低于创新投入的绩效水平的可能性（Lewin et al.，1999）。探索式学习所带来的回报不仅在时间上较慢，而且所带来的产出也具有较高的可变性，一般来说，20%~80%的研发项目会以失败告终（Cooper，1993）。而利用式学习所带来的回报是更加确定的、

在时间上更快，利用式学习的企业倾向于产生更加稳定的绩效，而利用式学习所带来的回报在时间上更短（Garcia，2002），并且具有更低的风险。

企业可以通过探索式学习获得新的知识，进而提高动态能力，获得竞争优势。由于知识储备会随着时间逐渐丧失应用价值，不能对这些知识储备进行有效的管理同样会引起知识的贬值，这是由知识内隐性的特征和组织管理体系的惰性所决定的。因此，维持较高的知识储备有时对于企业来说是不必要的，企业完全可以通过后天的组织学习来对知识的储备进行补充。原有的知识通过利用式学习可以带来显著的利润，新的知识会带来风险，因此其价值经常被大打折扣，这会导致企业更加追求短期的绩效。然而创新性的知识并不是经常被忽视的，在开发过程中对创新性知识的有效应用，被组织对环境的适应性和吸收能力所调节。对于新知识的学习能力间接地被企业的适应能力和吸收能力所影响，企业的学习能力越强，则相关的风险对于组织来说会越不明显，企业的知识储备也会变得越有价值。

就像被应用于创新过程的其他资源，知识资源也需要被不断更新。随着知识变得过时，竞争优势会被迅速侵蚀。因此，企业必须通过组织学习，不断地对资源储备进行更新，从而维持竞争地位，探索式学习是重新构建企业知识储备的有效方式。而未处于盈利地位的企业不易于拥有冗余的资源用于新的探索活动的投入。

在竞争的环境中，外部的资源供应可能难以持续，企业必须依靠现有的知识基础和资源维持现有的竞争地位。即使这些企业在高度竞争的环境下认识到了创新对于提高竞争地位的重要性，但是如果没有冗余的资源，这些创新也是难以实现的。此时，生存就成为企业的首要目标，企业应当通过利用式学习对现有的知识资源进行有效利用，以维持现有的市场份额。同时，如果企业没有较强的组织学习能力，即使外部环境中存在知识的来源，它们也很难有效地对这些知识资源加以利用。

之前学者从不同层面对探索和利用进行了分析，见表 2.5。

表 2.5　先前关于探索和利用的研究

作者	分析层面	探索 / 利用的角色	探索 / 利用的定义和内涵
Miller，Zhao 和 Calatone	个体与组织层面	因变量	学习速度的差异性
Taylor 和 Greve	个体和集体层面	因变量	集体在进行突破式创新和渐进式创新中使用知识的差异性
Beckman	集体和组织层面	因变量	学习层次的差异性
Lavie 和 Rosenkopf	组织层面	因变量	在不同时间和领域，联盟的功能、结构的差异性
Siggelkow 和 Rivkin	组织层面	自变量	组织层面相互依存的差异性，可以逆转分散化的探索行为
Wadhwa 和 Kotha	组织间层面	自变量	将公司的资本投资视为探索式行为

可见，探索式学习和利用式学习对于组织创新性知识是至关重要的，创新性的知识会从四个方面对组织学习产生影响：① 探索式学习和利用式学习资源的可获得性；② 外生的竞争压力；③ 通过遗忘或搁置所导致的知识贬值；④ 组织对于创新性知识的适应能力。Hurley 和 Hult（1998）在实证研究中表明，企业的创新导向是开发自身能力和适应环境变化的核心机制，他们认为较高的创新水平会正向影响竞争优势的形成，从而获得较高的绩效。处于较高竞争地位的企业应当改良和重新整合它们现有的知识，对冗余的资源进行再分配，建立有效的组织学习能力，从而通过创新形成竞争优势。

（二）探索式学习与利用式学习的区别与联系

探索式学习和利用式学习代表着两种存在根本性差异的学习方式，越来越多的研究表明，企业需要有效区分这两种学习方式并在两种学习之间达到平衡。在组织理论的研究中，学者们对用于提高效率的学习方式和用于提高创新的学习方式进行了区分，如 March（1991）在企业行为和战略对绩效影响的差异性的基础上，对探索和利用加以区分：适应现有的环境会促进结构惯性的形成，弱化企业适应未来环境变化以及适应新机会的能力（Hannan & Freeman，1984）；而通过新方法进行的试验会抑制现有能力的提高并减慢改进的速度（March，1991）；失败的探索会扰乱企业现有的规则，从而不能有效补偿商业运作中的损失（Mitchell & Singh，1993）。

March（1991）将探索式行为定义为搜寻、变化、风险承担、试验、弹性、发现和创新，探索式行为更具风险性，具有更加不稳定的回报。探索式行为所带来的回报必须能够补偿投入所具有的高度不确定性所带来的风险，相比利用式行为，通过探索式活动获得的知识应该具有更高的质量。Levinthal 和 March（1993）指出，过量的探索同样是有害的，失败会导致搜寻和改变，从而会导致更多的失败，造成一个恶性循环。创新性的企业在市场中不能获得稳定的成功是由于它们持续地探索新产品和不熟悉的市场领域，而没有配置足够多的资源在更加熟悉的细分市场中。

组织学习自我加强的特性促使企业聚焦于扩大现有的能力，即使在变化的环境条件下也是如此，此时企业能力会存在一定的僵化（Leonard-Barton，1995）。过分聚焦于利用式学习会使组织缺乏远见，并且陷入能力的陷阱，企业需要在组织边界外部搜寻新的知识。Peter（1990）指出，企业突破式的创新战略会使企业从内部逐渐退化，而 D'Aveni（1994）指出，企业之所以不能建立可持续的竞争优势，是因为今天的优势有可能成为明天的劣势。企业不应当维持稳定和均衡，而应当通过一系列突破式的创新，不断打破竞争者及自身现有的优势。

可见，尽管研究探索和利用之间的关系是十分必要的，探索式学习和利用式学习在某种程度上会争夺企业稀缺的资源，导致企业需要在二者之间做出平衡，但是二者之间有时还存在着协同作用，这就需要企业对其平衡做出有效的管理。March（1991）同样指出，维持探索和利用之间的平衡对于企业的生存和发展来说至关重要。Levinthal 和 March（1993）指出，组织面临的根本问题是进行足够的利用以维持现在的生存，并且对探索进行足够的投入以保证未来的生存。

Tushman 和 O'Reilly（1996）指出，需要在探索和利用之间达到平衡，使企业有能力在成熟的市场展开竞争（成本、效率和渐进式的创新最为关键），同时也可以通过新产品和新服务的开发在新兴的市场展开竞争（试验、速度、弹性最为关键）。他们也指出，同时进行探索和利用的企业更易于获得较高的绩效，这会比那些只追求两者之一的企业具有更高的绩效水平。

对于新知识的探索和对现有知识的利用是创新过程中研究的焦点，学者们通过适应性理论和组织进化理论广泛探讨了对于外生技术的探索和利用过程之间的平衡（Levinthal & March，1981；Lewin et al.，1999）。由于两种组织学习都是对相同稀缺性资源的争夺，组织必须建立相应的决策机制对这些资源进行有效的配置。Lewin 等人（1999）指出，利用式学习和探索式学习之间的平衡可以用来定义组织与环境之间，以及组织在环境之中的进化过程。这种组织结构对环境的适应性很好地解释了竞争优势和战略目标追求之间的匹配。随着竞争对手对于相同市场机会的追求，外部竞争压力可以增加企业对探索式学习的重视程度，企业需要开发出创新性的产品以应对竞争的需要。

Gupta 等人（2006）在研究中发现，如果探索和利用追求相同的资源，其稀缺程度越高，探索和利用的相互排斥性就越大，一种学习价值的提高会降低另一种学习的价值；如果探索和利用追求不同的资源，则探索和利用是可以同时存在的，在某一领域高水平的探索或利用可以与另一个领域高水平的探索或利用同时存在。探索和利用的关系取决于这两种能力是否会争夺稀缺的资源，以及进行分析的层面是个体还是组织。如果将探索和利用视为一个连续统一体的两端，则探索和利用之间的平衡所带来的收益可以通过探索或利用与组织绩效间的倒"U"形曲线关系表示出来；如果将探索和利用视为正交的，则两者之间的平衡所带来的收益可以通过两种学习对组织绩效的正的交互效应表示出来，如图 2.4 所示。

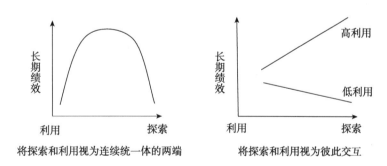

图 2.4　探索式学习与利用式学习关系对比

资料来源：根据文献整理。ANIL K GUPTA, KEN G SMITH, CHRISTINA E SHALLEY, 2006. The interplay between exploration 和 exploitation. Acedemy of Management Journal, 49（4）：693-706.

许多学者认为，企业应该同时开发探索式学习和利用式学习（Benner & Tushman，2002；Feinberg & Gupta，2004；March，2006；Eisenhardt & Martin，2000）。March（1991）指出，采用探索式的适应性战略会产生试验的成本，而不会获得超额的收益，这类企业会具有太多没有被实现的新想法和新观点；与此相反，采用利用式的学习战略会使企业处于次优化的稳定均衡之中，企业会难以获得较高的绩效水平。

（三）关于探索式学习和利用式学习研究的争论

随着 March（1991）最早对探索和利用的研究，这两个概念被广泛应用于技术创新、组织设计、组织适应性、组织学习、竞争优势以及组织生存方面的研究（Katila & Ahuja，2002；Benner & Tushman，2003；Holmqvist，2004）。然而，随着对于组织的研究更加依赖于探索和利用这两个概念，对于这两个概念核心问题的解释仍旧不完全，甚至有时是相互矛盾的。

对于探索和利用的概念，争论的核心问题在于：① 探索和利用真正意味着什么。在理论界已经一致认为探索意味着学习和创新，如追求和获取新的知识，然而关于"利用"是仅是指对于过去知识的利用，还是同样指对新知识的追求和获取，仍存在一些争论。② 探索和利用是两个平行的概念，即连续统一体的两端，还是两个交互的概念。这会涉及探索和利用的概念和定义，关于组织是否能够同时追求探索和利用的理论，取决于这两种能力是组织决策和行为的两个相对立的方面还是相互补充的方面，关于探索和利用之间的平衡对于组织绩效的影响的实证研究也会有所不同。

根据 March（1991）的研究，组织需要同时进行探索和利用，以实现组织的适应性。因此，一些研究认为，组织应该通过"松散耦合"，和不同的个体与单元，同时追求探索和利用两种能力，使其包含的个体或子单元专长于探索或利用之中的一种。而另外一种观点认为，通过探索和利用的周期循环是比同时追求两种能力更加切实可行的方法，也就是说，探索和利用是两个交替循环的概念，企业只能在某一时刻追求其中一种能力。March（1991）在研究中指出，若要在探索和利用之间达到平衡，组织必须同时擅长于这两种能力。

对于探索和利用的核心争论在于这两个概念是否可以通过学习种类的差异性加以区分。Baum，Li 和 Usher（2000）以及 He 和 Wong（2004）在研究中指出，探索和利用是同时与学习和创新相联系的，尽管属于不同的学习和创新类型。Baum，Li 和 Usher（2000）指出，利用是指通过局部搜寻、经验的积累以及日常工作的选择和重新利用所进行的学习；探索是指通过一致性的变化、有计划的试验和运作所进行的学习。突破式的新产品可以被生产、销售，并通过现有的商业基础设施提供服务（Gangan，2005），也就是说，产品研发和生产、销售以及服务的相互影响是标准化的。产品研发所需要的资源与其价值链下游的活动所需要的资源是完全不同的，有的企业可以在产品研发中进行较高水平的探索，而同时在销售、服务等价值链的其他环节进行较高水平的利用。

与此相比，其他一些研究将所有与学习和创新相关的行为都归结为探索，而将"利用"定义为对过去知识的利用，而不是在不同的学习轨迹中移动（Rosenkopf & Nerkar，2001；Vermeulen & Barkema，2001）。Vermeulen 和 Barkema（2001）在对企业国际化扩张决策的研究中，将"探索"定义为搜寻新的知识，将"利用"定义为对企业现有知识基础的持续使用，因此他们将并购行为视为探索，而将绿地投资行为视为利用。

探索和利用的关系也依赖于进行分析的层面，对于组织来说，同时进行探索和利用是可行的。探索和利用所需要的学习、资源、能力是不同的，因此它们可以同时存在于一个组织中，并且可以同时加以实现。同时，对于组织来说，在探索和利用之间进行转换也是可行的。但是，对于个体来说，同时进行探索和利用是十分困难的，同时考虑到探索和利用学习之间的差异性，个体在这两种学习之间的转换也是相对困难的。

第三节　创新相关理论

本节主要对先前学者关于创新的相关研究进行文献梳理，首先对创新的内涵与类型进行介绍，其中包括创新目标、创新类型和创新文化，并特别介绍服务创新的定义和研究概况以及社会网络关系对创新的影响；接着对两种重要的创新方式进行介绍，即突破式创新和渐进式创新，并且对这两种创新方式的定义与内涵进行阐述和比较。

一、创新的界定与内涵

创新被定义为将解决问题的想法实施的过程，从而提高产品、服务和流程的质量。创新来源于组织内的个体或团队，在一个特定的项目中产生创造性的想法，创新的扩散过程是指在一段时间内，创新在一个通过网络连接的社会体系中交流的过程。Subramaniam 和 Youndt（2005）认为，创新类似于其他商业功能，需要特定的工具、规范和管理支持，创新活动也需要组织的支持，如形成适当的网络联系并支持创新活动的组织文化。

（一）创新目标、创新类型与创新文化

Bessant 和 Tidd（2007）将创新定义为：新产品营销过程中所涉及的技术、设计、生产、管理和商业活动，或者第一次在商业中对新的流程和装备的应用。创新具有不同的目标，而不同的创新目标所对应的创新战略和创新文化也存在一定的差异性。

1.创新的目标

创新被作为组织绩效的重要影响因素（Sood & Tellis，2005），理论界关于创新对绩效影响的研究经历了由少到多的发展（Thorndill，2006；Sorescu & Spanjol，2008）。创新不仅改变了现有的市场竞争格局，而且创造了新的市场（Tellis et al.，2009）。在创新的基础上，一些新兴企业迅速发展，而一些陈旧的企业由于缺乏创新，在市场上逐渐丧失竞争力（Hill & Rothaermel，2003）。可见，创新是市场增长和提高组织绩效的重要推动力（Sood & Tellis，2005）。

创新是一项极具风险性的商业活动，在高度不确定性的条件下，创新所要解决的问题是如何让企业成功的机会最大化。之前的研究表明，企业会在本土的范围内搜寻资源时，进行创新的尝试，而当企业在更广阔的范围内，如在海外市场搜寻知识和资源，企业可以获得更大的创新效果（Ahuja & Lampert，2001；Ahuja & Katila，2004）。企业具有广阔的信息来源，其所利用的知识有来自顾客的（Von Hippel，1996），也有来自供应商的（Leiponen，2002），这都会对创新产生影响（Laursen & Salter，2006）。

Luecke 和 Katz（2003）认为，创新是将新方法和新事物引入的过程；Brokel 和 Binder（2007）指出，通过面对面的接触来进行隐性知识的转移是学习行为和创新行为的主要来源。隐性知识难以表达是因为其不仅存在于人们的

思想，而且可以通过他们的行为表现出来（Perounce，2007），当人们的意见可以被采纳和分享时，他们更愿意参与创新活动（Brokel & Binder，2007）。创新不仅来源于知识的储备，同样取决于组织资源和组织战略，并通过创新过程，实现创新绩效，创新的一般路径如图 2.5 所示。

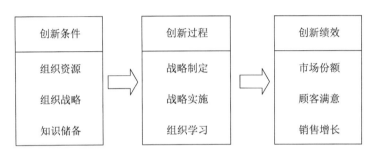

图 2.5　创新的一般路径

对于创新活动的研究通常会聚焦于产品创新和流程创新，在每一种创新中，企业都会拥有特定的目标。产品创新的目标在于开发全新的产品，或者对现有的产品进行改进和提升；流程创新的目标包括降低劳动力成本和提高生产效率。在创新过程中，企业会通过多种途径获得所需要的知识，Klevorick 等人（1995）以及 Arundel 等人（1995）在对美国和欧洲的调查中分别从行业层面指出了创新广泛的知识来源。在这些调查中，知识的来源主要包括企业自身的研发、同行业中的其他企业、供应商、大学和研究机构、政府机构以及相关的社会团体，这些都是属于企业的社会资本。

对于创新的目标来说，决策者在创新目标决策的过程中会面临较高的不确定性，创新所带来的报酬会随着创新目标数量的增加而增加。创新的目标越多，其中之一的目标越有可能最终商业化并产生价值，也就是说，同时追求多个创新目标可以增加这些创新目标实现价值的可能性。由于组织学习对于研发来说是十分重要的，企业会在其创新目标的深度和广度上进行权衡（Cohen & Levinthal，1990；Nelson & Winter，1982）。随着企业创新目标的增加，其增加一个新的创新目标所带来的边际成本也会增加，如组织成本和管理成本的提高。因此，创新目标会存在边际回报递减的效果。

　　知识作为创新的重要投入，企业为了获得多样化的知识同样会扩大知识的来源。而知识来源同样会受到边际效用递减的影响，随着对多种知识的管理和对这些知识来源的关系维护，企业会面临更高的边际成本。此外，通过不同来源所获得的知识整合的收益也会随着知识来源的增多而呈现出递减的规律。如Fleming 和 Sorenson（2001）发现，随着技术成分间的交互的增多，对于这些技术成分的整合变得越来越困难。

　　早期的研究认为，由于创新的结果具有较高的不确定性，企业可以通过Nelson（1961）提出的"并行路径策略"（Parallel Path Strategy），在创新活动中利用各种不同的方法提高创新的成功率。Baldwin 和 Clark（2003）在研究中指出了多重并行搜寻为创新带来的好处，利用数学模型对并行路径的方法对创新的影响进行了分析，并认为创新潜力是创新价值的分布。当企业进行创新活动的时候，它们并不知道会从这些创新来源中获得何种创新产出。尽管创新被认为可以提高组织的效率，但是采取创新的方法所带来的风险往往被忽略（Janssen，2005），这是由于创新行为来源于传统的、具有不确定性和风险性的学习过程（Kriegsman et al.，2007）。

　　2. 创新的类型

　　企业的创新模式可以分为自主创新、模仿创新、合作创新三种类型。当企业通过经验的积累，技术实力不断提升，企业会逐渐转向以自主创新为主导的创新模式；当企业技术实力薄弱，并且倾向于规避风险的时候，企业会以模仿创新为主；当自主创新无法满足竞争的需要，而且通过学习别的先进企业进行模仿创新不足以弥补自身的不足，企业会通过社会网络关系，与其他企业或科研机构进行合作，通过合作创新的方式解决所遇到的问题。

Mile 和 Snow（1994）以企业在新产品领域以及市场领域的地位和作用两个维度组成四种创新战略：开拓型创新、分析型创新、防守型创新和反应型创新。开拓型创新的企业是行业中的创新领先者，在新产品、新服务和新市场的开发方面都力争领先；分析型创新的企业会较为关注竞争者的行为，并且会作为市场的跟随者，较为迅速地引入新产品；防守型创新的企业力争创造一个相对稳定的产品和市场定位，保持在一个安全的细分市场之中；反应型创新的企业在产品和市场的竞争中处于被动的局面，在面临竞争者的压力时才会做出反应。在市场领域和新产品领域，开拓型、分析型、防守型和反应型四种创新战略类型如图 2.6 所示。

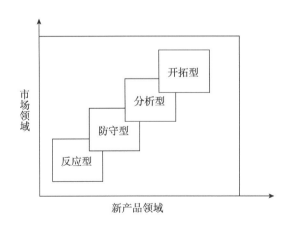

图 2.6　企业创新战略类型

资料来源：根据文献整理。方炜，孙树栋，2007.新产品研发项目关键成功因素实证研究——基于不同的企业创新战略 [J].科研管理，28（5）：102-109.

方炜和孙树栋（2005；2007）在研究中通过六种不同的创新程度来确定企业创新战略的类型，具体包括全新产品、新产品线、产品品种的补充、已有产品的改进、重新定位的产品和降低成本的产品，并且测算了六种创新程度在开拓型、分析型、防守型和反应型四种创新战略类型中的分布。彭灿和杨玲（2009）在研究中根据创新的时间先后与创新中组织间的合作程度对创新战略进行了分类，并将创新分成四种类型：自主型率先创新、自主型模仿创新、合作型率先创新、合作型模仿创新。而这四种创新战略类型中，自主型率先创新和自主型模仿创新可以合并为自主型创新战略；自主型模仿创新和合作型模仿创新又可以合并为模仿创新战略。

3. 创新的文化

创新可以被视为一种企业文化。Mytelka（1999）认为，创新是组织掌握、实施、开发对于组织来说全新的产品、服务或流程，尽管这些产品和服务对于企业本土和海外的竞争对手来说可能并不是全新的。Dobni（2008）认为，具有创新文化的企业更愿意去进行创新，而且具有合适的基础设施支持创新问题的解决，从而形成促进创新的环境。Dombrowski等人（2007）认为，与创新文化相关的要素包括创新的视野、任务说明、民主的交流、弹性化、具有相关资源的团队，以及支持创新行为的合作、激励和领导。

创新可以分为管理创新和产品创新，管理创新是指组织结构、管理过程、战略目标的改变，是将过程管理的构建与创新管理相结合（West & Anderson，1996），其中包括新的管理流程、新的组织设计、新的市场和战略聚集等。相比之下，产品创新是指鼓励新产品开发和对现有产品改良的企业文化，这是通过新产品设计或添加新的功能实现的。

企业为了表明其重视创新问题的解决，对于创新行为的激励和反馈就变得十分重要。同时，保证恰当的资源和时间的可获得性对于支持创新性的行为来说也是同样重要的。之前的文献从不同的角度分析了企业文化，Schien（1990）认为企业文化是集体的价值观、信念和态度的构建，并且形成了组织中的行为标准。McAleese 和 Hargie（2004）认为企业文化是员工对思想、感觉和契约的共识，并且会对员工对于信息和价值的理解产生影响。可见，企业文化是指在一个社会体系中，员工对组织集体的目标和规范的感知。有几种组织文化因素会对企业的创新行为产生促进作用，这包括战略、结构、支持机制、特定的行为和交流（Martins & Treblanche，2003）。现有的研究表明，组织文化可以鼓励和支持知识的转移，从而有利于问题的解决（Dodgson et al.，2002）。

企业战略应当支持和鼓励创新的文化，这主要是通过组织内部的交流和沟通实现的，但仅仅交流还是不够的，也有必要保证员工和企业自身对组织目标的支持（Dobni，2008）。来自员工的支持可以通过开发鼓励创新的支持性的组织结构和管理机制来实现，组织文化应该是弹性和自由的，这可以通过员工间的信息共享和共同决策来实现，以给他们充分的自主权。支持创新文化的机制包括对于员工创新行为的反馈和认可，并且通过关系网络使员工获得相关的资源。

发展与顾客和供应商的关系同样有助于企业创新文化的形成，通过对现有技术能力的提升和改进，这同样会促使它们通过合作，达到共同承担风险的目的（O'Regan et al.，2005）。Damanpour（1992）认为，规模较大的组织更易于拥有创新的文化，并且这种创新的文化是建立在研究能力和运营流程的基础之上的；Saleh 和 Wang（1993）认为，具有弹性的创新文化的企业，对于变革会有较少的抵触，并且具有较低的风险厌恶程度，可以容忍较高的不确定性；而 O'Regan 等人（2005）认为，文化是企业实施创新最常遇到的阻碍。可见，创新文化的培养一般会与企业的创新战略相联系，提倡创新的组织文化往往会有利于企业创新战略的顺利实施。

（二）服务创新的定义与研究概况

服务创新是近年来逐渐兴起的研究领域，服务创新的概念是在 Schumpeter 的创新理论的基础上发展而来的，Schumpeter 最早将创新定义为用于实践的新思想和新方法，并且能给其实施者带来收益的行为。Chistensen（1998）在研究中对服务创新进行了分类，认为创新可以分为持续性创新、低端的破坏性创新和新市场的破坏性创新。服务创新中的行为者包括人、企业或组织，其行为会对服务企业的创新产生影响，并经常会被整合在创新过程之中。其中，顾客是最重要的行为者，顾客是创新思想最重要的来源，并且会参与服务企业的创新过程，对创新的成功以及创新所带来的收益具有重要影响。可以说，顾客是推动服务企业创新最重要的外部驱动力。

Porter 指出，企业的竞争优势来源于成本领先战略、差异化战略和集中化战略。根据 Porter 的研究，企业的服务创新战略可以分为：① 需求导向型的创新战略，即以满足消费者偏好为目的，通过服务创新差别于竞争对手的战略；② 成本导向型创新战略，即通过服务创新达到低成本经营的目的，通过低成本的产品和服务，实现区别于竞争对手的差异化竞争。

尽管服务创新的重要性被广泛地认可，但是关于服务创新的文献还很少（Chesbrough，2004）。创造市场的服务创新被定义为可以提高企业绩效并且被顾客认为可以从中获得收益的新的服务方式，同时服务创新所带来的好处要有足够的吸引力，从而可以极大地影响顾客以及竞争对手的行为（Berry et al.，2006）。服务创新的观点与传统创新的研究相一致，即是一种新的想法、实践或目标。在营销战略相关研究的基础上，有学者还引入了新服务传递的适时性，将其作为服务创新的重要组成部分之一。仅仅为市场提供创新的产品和服务是不够的，这些新产品和新服务还必须及时有效地被运用于市场之中。

尽管有学者将研究聚焦于内部组织结构对服务创新的影响（Panayides，2006），但是关于组织外部资源对于服务创新的研究还很少。对于服务业来说，创新对于企业的生存至关重要，尤其是在竞争的环境之下（Agarwal et al.，2003）。服务的提供者认识到创新可以提高他们的竞争地位，并且可以传递对顾客的承诺（Van Riel，2005），关于服务创新的文献也广泛证实了进行创新的服务提供者可以更好地满足其顾客需求，从而在竞争中达到先发制人的效果。为顾客提供多种多样的服务成为服务提供者区别于竞争对手的战略上的要务，同时，有学者指出服务创新会影响企业的绩效并且与企业的战略导向相联系。

（三）社会网络关系对创新的影响

成功的创新是动荡的市场环境中创造和维持竞争优势的基石（Brown & Eisenhardt，1995）。理论界已经有一些关于社会网络与企业创新关系的研究，如 Li 和 Calantone（1998）发现市场情报会对新产品优势和市场绩效产生正向影响；Monczka 等人（2000）在研究中验证了供应商参与对产品创新的影响；Ragatz，Handfield 和 Petersen（2002）发现供应商参与被认为是提高产品设计、缩短生产周期、降低成本和提高产品质量的有效途径；van der Bij 等人（2003）发现领先用户与供应商网络对在创新环境下的知识传播具有正向影响。

社会网络关系对于企业的创新绩效来说是十分重要的，网络位置对于企业的创新绩效存在一定的影响（Tsai，2001），不同的网络位置代表着获得不同的知识的机会，而获得新知识是创新成功的决定因素，企业所获得的资源和创新绩效都通过企业在社会网络中的位置加以解释。Tsai（2001）发现，企业网络位置中的中心度和企业的吸收能力是对创新绩效产生影响的两个重要指标。在关于社会网络的研究中，被广泛用以解释网络位置对创新绩效影响的变量主要包括中心度和结构洞（Zaheer & Bell，2005）。

中心度是衡量企业在关系网络中位置的变量，用以衡量企业在关系网络中对资源的获取和控制的程度。中心度越高，表明企业越是处于关系网络的核心位置，中心度高的企业可以在网络中相对容易地获取和利用创新相关的知识和信息。在创新过程中，知识和信息起到十分关键的作用（Ibarra，1993），因此中心度决定了企业在关系网络中对知识和信息的占有优势（Powell et al.，1996）。

根据组织学习理论，中心度高的企业可以接触到更多的知识来源，增加了企业进行学习的便利性，从而促进企业对外部知识的吸收和整合，最终实现创新（Brown & Duguid，1991）。此外，中心度高的企业可以接触到更多的知识来源，企业可以将这些知识进行重新整合进而实现创新。处于中心位置的企业聚集了不同网络成员的知识和技能，通过合作开发的形式，整合各个企业具有互补性的资源和能力，从而可以在众多的网络成员中挑选最适合自己的合作伙伴。同时，处于网络的中心位置也增加了企业自身被选为合作伙伴的可能性。

Burt（1997）在研究中指出，在社会网络中拥有结构洞的组织拥有信息获取和信息控制两种优势，也就是说，如果企业拥有广泛的社会关系，在社会网络关系中处于较好的位置，会有助于获取更多的信息，使合作关系向着既定的方向发展。Wilson 和 Kristan（2002）在对 7 个最有影响的"关系模型"的研究基础上，发现信任是社会资本中的重要构成要素。信任能促进网络成员间进行及时、有效的沟通，并且将合作关系中的不确定性降到最低，这对社会网络的效果具有显著影响（Humphreys，2004）。企业值得信赖和信守承诺的特征，会提高企业在网络关系中的声誉，从而使企业成为更受其他网络成员欢迎的合作者，这对资源的交换有着积极的正向影响（Lee et al.，2006）。总之，较高的信任关系有助于知识的引进，从而有利于企业的创新。

二、突破式创新与渐进式创新

创新是组织的核心驱动力（Brown & Eisenhardt，1997），创新可以提高效率、降低成本、提高顾客满意度，并最终带来利润的提升（Harry & Schroeder，2000）。根据创新的特性，可以将创新分为突破式创新和渐进式创新两种类型（Song & Parry，1999）。突破式创新和渐进式创新是创新的两种重要形式，在这部分我们主要对这两种创新方式进行介绍。

（一）突破式创新

突破式创新建立在新产品、新流程和新技术的开发和应用的基础上（Hill & Rothaermel，2003），因此代表了根本性的变化并且包含了大量新知识的创造。突破式创新来源于根本性的技术变化和新技术的出现，较少的存在，并且会在摧毁旧市场的基础上建立新市场（Tellis et al.，2009）。突破式创新通常与顾客层面、企业层面和市场层面的不连续性相联系，从而可以通过创新满足顾客之前没有意识到的需求。此外，突破式创新十分难以模仿，因此，这种创新方式对于组织来说更具价值（Hurley & Hult，1998）。

根据 Damanpour（1996）的研究，突破式创新是指组织活动根本性的变化，是对现行做法显著的改变。突破式创新具有技术和市场不连贯的特征，创新的产出对于整个行业来说是全新的（Garcia & Calantone，2002），突破式创新能力包括了对现有的产品和服务带来显著改变的技术和能力（Subramaniam & Youndt，2005）。

突破式创新需要大量的投入，这不仅体现在生产环节，同时也体现在分销和沟通环节，因此突破式创新是极具风险的（Garica & Calantone，2002）。突破式创新的风险体现在创新需要更长的开发周期和更低的成功率，并且会随着企业战略的重新定位打破现有的组织结构，形成了企业的社会风险，同时突破式创新会受到企业员工的抵触（Ettlie et al.，1984）。

此外，突破式创新会为相关技术领域和目标市场带来较高的不确定性，因此突破式创新需要企业能够承受较高的不确定性（Hill & Rothaermel，2003）。稀缺的、难以模仿的和有价值的创新是持续竞争优势的重要来源，创新越鲜明，其带来的竞争优势越具有持续性（Koellinger，2008）。因此，突破式创新被认为会持续地提升组织的绩效（Hurley & Hult，1998）。相比渐进式的创新来说，突破式创新更具价值并且能够带来更高的经济回报。

（二）渐进式创新

与突破式创新相比，渐进式创新是指对现有产品的有限的改变（Dewar & Dutton，1986）。因此，渐进式创新几乎不需要对现有技术的适应性进行调整，因此很容易被竞争对手所模仿（Leifer et al.，2000）。渐进式创新对现行做法带来较小的改变，渐进式创新的目的在于提高流程，使运营更加有效率，提高质量并且降低成本。渐进式创新能力包含了改进和加强现有产品和服务的技术和能力，这些创新对于企业来说是新的，但是之前已经被其他组织采用过。

采取渐进式创新的企业需要有限的组织变革，它们成本更低，具有更小的风险（Dewar & Dutton，1986），在其所带来的财务绩效更有可预见性。渐进式创新是建立在关于现有产品和服务广泛的经验的基础上，其技术和市场相关的不确定性水平较低。因此，企业内部对于渐进式创新的抵触较小，企业总体的不确定性水平较低。而且，渐进式创新几乎不能够应用于新的市场，也不会带来新的市场，并且相关技术具有不连续性（Garica & Calantone，2002）。

虽然渐进式创新相比突破式创新对竞争力具有更小的影响，但是渐进式创新对于维持企业的竞争力同样重要（Christensen，1997）。渐进式创新占了产品创新 90% 的比例，其主要目的是通过对现有产品和服务的适应性或较小的改进，保持现有产品的竞争力（Sorescu & Spanjol，2008）。可见，渐进式创新同样会提高组织的绩效水平。

通过渐进式的变化，维持渐进式创新的组织会比实施那些带来多变性的创新的组织更有效率。渐进式的变化中会具有更大的一致性和效益，顾客满意度的快速提高和成本的降低会更进一步提高组织的效益。组织间稳定的交流渠道和信息过滤会促使规范、标准的形成，从而为个体和群体的活动提供更加便捷的渠道，从而使组织使命更加有效地完成（Repenning，1999），组织内稳定的程序和规范可以加快决策和问题解决的速度。

（三）破坏式创新

创新可以通过是否以满足现有的顾客需求为目的，对新的市场进行细分（Christensen & Bower，1996）。面向新顾客设计的产品经常是一种破坏式的创新，需要与组织现有的活动相背离。关于破坏式创新，Cristensen（1997）将其定义为立足于市场缝隙，通过简化产品组合和提供满足特定需求的次等品达到抢夺现有市场份额的目的；吴新贵（1997）认为，破坏式创新是通过提供差异化的产品和服务，破坏现有市场竞争秩序的方式。可见，破坏式创新是突破式创新的一种，具有突破式创新的特征。

　　之后学者们对破坏式创新的概念进行了发展和延伸，认为破坏式创新会带来产业的巨大变革，是衡量企业成败的关键所在，是产品性能的巨大提升和对市场和竞争态势产生巨大影响的创新（付玉秀，张洪石，2004）。Cristensen（2002）认为，破坏式创新在满足消费者偏好的同时，努力降低相应的成本，通过快速的创新不断获得市场份额，扩大对现有市场的占领。Thomond 和 Lettice（2002）认为，破坏式创新是针对市场利基的战略，通过一系列突破性的变革，达到破坏现有企业竞争地位，改变市场架构和趋势的目的。维持性创新与破坏式创新的对比见表 2.6。

表 2.6　维持性创新与破坏式创新对比

要素方面	维持性创新	破坏式创新	
		低端市场	新市场
目标市场	主流市场	利基市场	全新市场
关注焦点	更好地满足现有顾客需求	发现市场中存在但还未被关注的市场机会	顾客没意识到和难以表达的潜在需求
价值网络	对价值进行强化和延伸	重新组合和延伸价值	创造全新的价值网络
扩大优势	基于品牌效应和声誉的高端市场	基于低成本差异的低端市场	基于新的需求的扩张
运用方式	巩固现有市场，强化现有竞争	重新构建市场规则	创立全新的市场规则替代原有的市场规则
竞争战略	垄断渗透	低价渗透	先发制人

资料来源：许晓明，宋琳，2008.基于在位企业视角的破坏性创新战略研究综述及应用模型构建 [J]. 外国经济与管理，30（12）：1-9.

有学者对破坏式创新进行了具体的划分。Christensen 和 Raynor（2003）对破坏式创新做出了明确的细分，认为破坏式创新在低端市场的目的是在产品、市场上满足现有顾客的需求，并且在新市场上获得未来的顾客的一种创新战略；Schmidt 和 Druehl（2008）对现有市场和潜在市场进行了划分，并且使用消费者偏好和消费者保留定价的概念，从更深层次对破坏式创新的机制进行了研究。

在对破坏式创新的分析中，基于供应链网络关系的构建模型解释了企业外部获取竞争力的可能性，还可以显示出企业在竞争整合过程中的优势（薛红志，张玉利，2007）。对于组织惰性的分析，使得组织再造和战略柔性对企业来说更为重要（曹兴，栗亮亮，2007），这为研究破坏式创新奠定了基础。可见，破坏式创新在本质上属于突破式创新的一种。因此，在本研究中，我们将破坏式创新归类为突破式创新进行分析。

（四）突破式创新与渐进式创新的区别和联系

现有的文献广泛研究了企业创新的不同方式，产品创新处于企业营销组合策略的核心位置（Kotler & Keller，2006）。创新会涉及业务的产品、流程、结构和社会等层面，然而企业一般会聚焦于产品创新而忽视其他方面的创新（Pleschak & Sabisch，1996），这是由于一些研究发现只有产品创新才会提高组织绩效，而非流程上的创新（Koellinger，2008）。而且，创新可以被定义为满足现有的市场需求或创造新的市场需求（Martin，1994）。

在关于组织创新的研究中，越来越多的研究聚焦于突破式创新和渐进式创新这两种创新方式。这两种创新方式的根本区别在于创新是否包含了全新的技术，是否具有较高的风险。在突破式创新中的技术是明确和具有风险的，技术中所蕴含的知识明显区别于现有的知识，蕴含了较多的新知识，而渐进式创新正好相反。突破式创新比渐进式创新具有更大的利润影响，缩短的产品生命周期，增加的市场波动，使得企业必须更有效地改进现有的产品并且开发新产品（Gumusluoglu & Llsev，2009），从而在现有业务顺畅进行的同时也保证了未来的竞争力（Elenkov & Manev，2005）。

关于创新的研究将不确定性的重要性作为突破式创新成功的先决条件（Ergeneli et al.，2007），并且认为不确定性会同时带来风险和机会。两种创新方式都会面临一定的不确定性，企业会通过搜集市场情报降低一些类型的不确定性，如未满足的顾客需求；而另外一些不确定性则不能被轻易规避，如潜在竞争者的行动。突破式创新比渐进式创新具有更高的不确定性，这主要是由于突破式创新会涉及更多的新技术。通过采用新技术，突破式创新会依赖于差异化的物质资本和人力资本，这些资源相对于渐进式创新来说是更加依赖于市场交易的。

突破式创新和渐进式创新在研发阶段和商业化阶段的不同特征如图 2.7 所示，两种创新方式在不同的阶段所面临的不确定性和关系网络成员参与程度是不同的。

	渐进式创新	突破式创新
研发阶段	中等水平的不确定性和交易的异质性；网络成员参与会带来适中的收益	最高水平的不确定性和交易的异质性；网络成员参与会带来最少的收益
商业化阶段	最低水平的不确定性和交易的异质性；网络成员参与会带来最高的收益	中等水平的不确定性和交易的异质性；网络成员参与会带来适中的收益

图 2.7 渐进式创新与突破式创新对比矩阵

可见，突破式创新是指在新产品和新服务中的根本性的改变，代表了技术的革命性变化，如果一项技术对于组织来说是全新的，同时需要产品和服务以及流程的改变（Hage，1980），这时企业需要付出巨大的成本以实现这种稀缺性的创新，即突破式创新；而渐进式创新是指通过使用现有的技术，对现有的产品和服务做较小的改变（Dewar & Dutton，1986；Song & Montoya-Weiss，1998）。因此，突破式创新和渐进式创新在企业战略和组织结构等方面具有明确的区别，具体见表2.7。

表 2.7　突破式创新过程和渐进式创新过程

创新类型	企业战略	组织结构	创新的先决条件	创新产出
突破式创新	技术主导的战略	聚焦于技术的专业化	提倡开创性的创新	对突破式的流程的采纳
			基于技术和组织的一致性	新产品和新服务的引进
渐进式创新	市场主导的战略	复杂性	创新基于现有的产品和服务	对渐进式的流程的采纳
	差异化战略	正式化		
	企业规模化战略	集中化		产品和服务的改进

资料来源：根据 Ettlie 等（1984）的研究整理。

基于这两种创新方式的差异性，不同企业的创新具有不同的突破程度（Brem & Voigt，2009）。突破式创新会创造新的需求，并且引发一系列的渐进式创新，用以满足新需求的多样性差异（Abernathy & Utterback，1987）。对于突破式创新和渐进式创新之间区别和联系的研究有助于对企业创新绩效差异性的把握，同时将两种创新方式与组织学习相联系，可以有效地分析社会资本通过组织学习机制对不同创新绩效的影响。

第四节　知识转移相关理论

本节主要对知识转移理论的相关研究进行文献梳理，首先，介绍知识的特点和重要性，其中主要介绍了海外市场中知识的特点和企业的知识基础观；其次，对社会资本与知识获取和知识转移的关系进行介绍，主要包括企业通过社会资本进行的知识获取和通过社会资本进行的知识转移两个部分。

一、知识资源的特点及其重要性

企业是知识的生产者、拥有者和整合者（Kogut & Zander，1992；Grant，1996）。企业创造价值的能力并不是主要来源于物质资产或金融资产，而是来源于更加无形的、基于知识的资源（Itami，1987）。可见，知识资源对于企业在海外市场中的生存和发展来说至关重要。

（一）知识的一般特征

由于所获取知识资源的多样性，企业必须考虑和重视知识的三个维度：内隐性、专业性和复杂性。Kogut 和 Zander（1992）在对创新的研究中指出，创新过程会涉及对隐性知识的测量，对于隐性知识的转移和利用会为企业带来创新。隐性知识建立在累积经验的基础上，并且通过组织成员所获得的技能和经验表现出来（Nelson & Winter，1982），隐性知识以特定的形式被个体获取并且以个体为载体（Grant，1996）。

　　显性知识可以通过口头的交流或书面文件清楚地表达，并且是可编码的（Winter，1987），这使得显性知识更易于在企业内部和企业之间进行转移，因此并不能给企业带来竞争优势。相反，隐性知识具有一定的社会复杂性，并且难以模仿和复制，这也是隐性知识形成企业持续竞争优势的原因。隐性知识难以编码和表达，对于隐性知识的学习需要花费大量的时间，并且是一个相对复杂的过程（Kogut & Zander，1992）。

　　特别需要指出的是，对于复杂性知识的转移需要企业间较高的互惠性的依赖，以及较高的整合和协调程度，从而为企业提供竞争对手难以模仿的独特资源集合（Parise & Henderson，2001）。根据创造性摩擦理论（Creative Abrasion Theory），企业所面临的知识复杂程度越高，其内部化的多样性知识就会越丰富。较高的知识复杂性同样会提高企业的吸收能力，从而可以持续获得更新的和更大范围内的知识。

　　知识创造被认为是一个路径依赖的进化过程，关于知识创造的研究吸引了不同领域的学者（Grant，1996）。有学者从技术变化的角度对知识创造进行了分析（Rosenberg，1982），也有学者从社会力量和环境的角度对新知识的创造过程进行了研究（Merton，1972）。有研究将知识创造视为不同知识流的重组过程（Fleming，2001），对于知识的重组往往与通过新知识的整合所进行的新产品、新流程和新市场开发相联系（Kogut & Zander，1992）。通过知识整合和创造所获得的竞争优势是持续的，其所需的能力是隐性的、系统的、复杂的和不可见的。关于什么样的因素会对知识的创造产生影响，一些学者从时间和空间的角度对其进行分析，认为知识和技术是随着时间进化的（Nelson & Winter，1982）。

　　企业可以通过获取外部知识或将其他企业的知识基础移植到自身，从而获得新的知识（Ahuja & Katila，2001），但是理论界对于这一过程的研究却较少。

企业可能会获取另一家企业的隐性的、复杂性的和异质性的知识，但是这种知识又存在一定的动态性。例如，当知识资源内嵌于特定的员工和关系网络之中，如果这个员工离开所在企业，则企业会失去这种特定的知识。与此相类似，如果企业基于知识的资源具有社会复杂性，若在知识整合的过程中企业的社会结构发生改变，这种知识资源会受到损害。

（二）企业的知识基础观

作为企业资源基础观的扩展（Barney，1991），知识基础观认为知识是对于产品、流程和组织创新极为重要的资源，同时也有助于企业获取和利用对于创新至关重要的其他资源。Grant（1996）指出，知识是企业最重要的战略性资源，为了在动态的市场环境中建立和维持竞争优势，创新导向的企业应该通过创造新知识和对现有的知识进行整合来建立新的技术能力（Kogut & Zander，1992）。因此，知识基础观（Jaworski & Kohli，1993）、学习能力（Hurley & Hult，1998）和市场知识能力（Li & Calantone，1998）就为对知识驱动的创新的研究奠定了重要的理论基础。

知识基础观认为，拥有稀缺的、异质的、难以模仿和难以替代的知识的企业，通过利用知识资源价值创造的特性，可以创造和维持更高的超额利润。企业技术和能力的价值来源于知识资产难以模仿和难以转移的特性，知识的这种特性来源于专利的限制以及知识的复杂性和模糊性（Winter，1987）。知识资源不能被完全模仿和替代的特性成为竞争对手所不能获得的竞争优势的基础（Barney，1991）。企业可以市场化的产品和服务是对知识资源有效利用的结果，特定的技术条件是在特定时点企业基于知识的资源的体现，但是企业基于知识的能力是一个更加动态的概念，通过这些能力，企业可以进行持续的创新活动。企业会在基于知识的能力的基础上，更有效率地对知识进行创造和利用（Leonard，1998；Nonaka，1994）。

企业的知识基础观聚焦于知识的社会复杂性，使其价值和利用依赖于特定的环境并且是企业所特有的（Leonard，1998）。社会复杂性的知识主要存在于个体和群体间特别的关系之中，通过特定的行为模式、态度、信息流动和决策方式形成它们彼此互动的方式。企业的知识和能力深深地内嵌于其社会和组织环境之中，这种知识存在于企业的内外部关系网络中，而不是存在于特定的个体或资产之中的（Brown & Duguid，1992；Reed & DeFillippi，1990）。企业重要的知识资源不会轻易地与这些长时间建立的异质性的网络关系相分离（Nelson & Winter，1982），由于这些社会复杂的知识存在于个体间和企业间独一无二和极其难以模仿的相互关系之中，因此可以为企业带来持续的竞争优势（Lei et al.，1996）。

企业的知识基础观有助于对知识资源的特性进行理解，并且对于企业的创新战略是至关重要的。该理论主要是针对知识的特性和以知识为基础的资源，提出如何在企业内部开发这些资源，或者通过其他组织转移到企业内部，以及这些资源对企业获得竞争优势的重要性。知识基础观强调了知识资源的价值性和易逝性，以及对知识资源管理的困难性，因此，从其他企业获取这些知识资源也是一个相对复杂的过程。

对于知识转移来说，大多数的企业都需要对其网络成员所具有的专业化的知识进行整合，企业必须开发出有助于个体知识结合与再结合的整合能力（Grant，1996）。一些学者同时指出，当个体开发出隐性的技能和经验，他们同样会发展出允许他们的专门知识与其他组织的技能和经验相互影响和交互的社会关系。企业中有价值的知识具有一定的社会复杂性，因为这些知识存在于个体间以及企业间彼此的相互影响和交互的关系中（Brown & Duguid，1992；Reed & DeFillippi，1990）。可见，通过企业的社会网络联系，企业可以获得有价值的知识，从而形成可持续的竞争优势。

二、海外市场中的知识与知识转移

企业进入海外市场是为了获取和利用高质量的知识资源，一些企业依赖于增加海外知识来源的数量从而获得更加多样化的知识，而一些企业更加注重从有限的来源获取高质量的海外知识，从而提高知识的专业化程度。获得具有较高质量的知识资源可以帮助企业避免局限于自身陈旧的技术和制度基础（Redding，2002）。一般来说，企业在海外市场的知识转移具有区别于本土市场的特征。

（一）海外市场中知识转移的特点

知识转移是指企业被其他社会网络成员的经验影响的过程（Argote & Ingram，2000），知识转移的效果通过知识接收方的知识变化和绩效体现出来。在之前大量的研究中，学者们证明了可以有效地在组织间进行知识转移的企业比那些不能有效进行知识转移的企业更具创造性（Almeida & Kogut，1999；Hansen，2002）。新的知识，尤其是企业的外部知识，更有助于为企业带来改变和绩效的提高。在以社会网络为背景的研究中，Kotabe等人（2003）发现组织可以得益于通过企业之间社会网络进行的知识转移。

资源基础观（Resource-Based View，RBV）表明，企业应当对战略资产和能力加以利用，以超越其竞争对手（Hult et al.，2002），资源基础观为研究企业跨国的知识转移创造了条件。根据 Barney（1991）的研究，战略资产和能力是有价值的、稀缺的、难以模仿和难以替代的，因此企业的学习能力以及跨边界的知识获取和转移就可以被看作战略性的资产和能力。海外知识转移所带来的好处在于可以对补充性资源进行获取和利用，从而维持或提高企业的竞争优势。

跨国公司被认为是在不同国家经营的社会单元间资本、产品和知识交换所组成的网络，有学者指出，跨国公司存在的先决条件是它们在企业内部对知识的转移和利用比通过外部市场机制更具效率（Gupta & Govindarajan，2000）。跨国公司存在的最主要原因在于，它们具有相比通过外部市场更好的内部知识转移能力，跨国公司分支机构之间以及分支机构与母公司之间的知识流动会更加便捷。同时，企业外部的联系也是知识的重要来源，如战略联盟可以为创造可重新配置的知识提供机会，其中包括技术知识和市场知识。

对于本土知识的熟悉会使得企业从地理上接近母国的海外市场获取所需要的知识资源，而不会从地理较远和不熟悉的市场获取知识，这种渐进式的战略过程会正向影响企业的绩效（Evans & Mavondo，2002）。因此，只有当海外市场的知识具有更好的声誉，而且比本土市场的知识具有更高的质量时，企业才会选择位于海外市场的知识资源（Robinson，1988）。使用或转移高质量海外知识的企业更易于在较少的海外市场获取知识资源，为了获得最好的海外知识资源，企业会限制他们的选择，集中在高质量的知识来源上面。由于高质量的海外知识同样具有更高的复杂性，并且需要消耗更多的资源进行整合，因此选择更加集中化的知识可以有助于企业降低在陌生的资源领域产生的成本。可见，海外知识的质量越高，企业进行获取和转移的知识来源的数量就会越少。

（二）跨国界知识转移对创新的影响

对于跨国公司来说，从海外市场获取知识资源是其全球化决策的重要组成部分。而对于海外市场上知识的获取的研究还较少（Iwasa & Odagiri，2004），对于这个主题的研究具有较大的理论和现实意义。因为当企业通过从具有战略优势的海外市场获取、转移和整合创新相关的知识，而不是通过对现有资产的重新配置，企业可以将创新产出最大化（Bresnman et al.，1999）。

资源基础理论有助于解释跨国界的知识转移及其对创新绩效的影响，企业的资源基础理论吸引了管理学领域众多学者对于知识的探讨（Barney，1991；Mowery et al.，1998）。跨国公司被认为是国际市场上知识的整合者（Bartlett & Ghoshal，1998），随着全球化进程的加快，跨国公司的所有权结构和经营方式促使更大程度的跨国界的知识转移。进化经济学（Evolutionary Economics）认为，知识资产内嵌于企业的日常经营之中（Nelson & Winter，1982），企业只有在成功进行生产经营活动的前提下，才能通过关系网络获得有价值的知识资产。

有学者认为，跨国公司分支机构在创新中的角色在近些年变得越来越重要，其创新功能变得更加分散化（Asakawa，2001）。分散化创新的倡导者认为，当跨国公司不把分支机构看作国际化的前哨，而是作为组织主要战略领域的扩展，则知识会更加容易地流动（Birkinshaw & Hood，2001）。尽管之前一些学者对母公司和其分支机构间的知识联系进行了研究（Bartlett & Ghoshal，1998；Asakawa，2001），但是将跨国公司作为一个整体，研究其国际化创新活动的还很少，也较少有研究关注企业间跨国的知识转移。

近年来，大多数对创新的研究和对国际化的研究都认为创新应该集中在母国，从而使知识发生有限的跨界流动。学者们反对跨国公司创新的分散化功能，认为创新应当建立在同一地理位置的共同研发的基础上，并且强调了母国市场的重要性，以及母国市场的竞争（Sakakibara & Porter，2001）。与这种观点相反，另外一些学者认为，尽管知识的传播是一个复杂的过程，但在企业内和企业间对国际化知识的获取和知识的流动同样是竞争优势的来源（Iwasa & Odagiri，2004）。

在理论界关于海外知识转移过程与创新关系的研究，同样存在两个相反的观点。

一种观点认为，创新是一个学习的过程，需要较高的专业化水平（Cohen & Klepper，1996），因为其要素是路径依赖的（Redding，2002），并且需要随着时间逐渐累积（Leonard-Barton，1995）。这种观点认为学习的对象是知识的隐性成分，知识在企业层面进行积累，并且不断地注入新的想法。为了达到研发的规模经济，在地理上接近知识的聚集地是十分重要的，因为这可以为创新中深入解决问题所需的效率、专业化和机会创造便利的条件。

另一种观点认为，创新的累积性和路径依赖的特性会导致固步自封在特定的技术或制度领域（Redding，2002），知识的多样性所带来的好处是由制度和网络不会局限于陈旧的技术水平的特点所决定的。多样性增加了企业可获得的专业化技能的范围，并且进一步促进了创新过程（Glassman，2001）。在应对环境不确定性和复杂性的时候，企业也可以采取全新的战略。

然而较高水平的跨国界知识转移并不一定能带来更高的创新收益，这是由于这个过程会产生较高的管理和维持成本。如果知识转移数量过大，这会危及所转移知识的质量。创造性的和新的想法来自不同的，甚至是相互冲突的知识交互和整合过程，这已经在关于知识的研究（Simon，1985）和关于社会网络的研究中（Granovetter，1973）得以验证。一般认为来自本土和海外的跨文化和跨功能的知识交互会增加企业的创新产出到某一特定点，然后这种收益会逐渐下降。虽然在国际市场上获取和转移知识会带来收益，但是高度多样化和分散化的知识同样会给企业带来相应的成本。

也就是说，虽然海外知识的转移会带来一定的收益，但是知识的转移存在一个临界值，超过这个临界值就会产生与协调成本相关的负向的边际回报（Zander，1997）。可见，跨国界的知识转移和创新绩效的关系并不是线性的，在开始阶段会出现扩张性的增长，而当边际成本最终超过边际收益的时候，又呈现下降的趋势。知识多样性的正向净收益比相应的成本更快地上升到某一点，超过这一个临界点之后，协调成本开始超过相应的收益。

知识转移的主要障碍是由知识接收者缺乏相应的吸收能力、因果模糊性，以及知识来源和接收者之间不稳定的关系所共同决定的。在关系网络中获得持续的竞争优势，需要具备以下条件：① 关系网络成员不能将从一方获取的知识资源应用于与另一方的关系之中；② 知识转移的过程存在持续的时滞性。同时，企业在对国际市场上存在文化差异和知识差异的资源进行管理的过程中会遇到障碍，因为每种资源都会带来相关的独特性的问题，所产生的成本会超过其所带来的收益。因此，较高水平的知识转移会为创新绩效带来递减的回报。在国际化知识的多样性临界值之下，企业所拥有的资源可以被应用于国际化知识的整合过程中，重新整合这些国际化知识所带来的成本也很容易被吸收。相比之下，当所转移的国际化知识水平较高的时候，企业所做出的相应调整需要一个复杂且高成本的整合过程。

三、知识转移与社会资本的关系

Grant（1996）在研究中指出，竞争优势的关键来源是对知识的整合，而不是知识本身。通过海外社会网络关系，企业可以获得有价值的知识。因此，通过社会资本进行知识资源的转移对于企业形成可持续的竞争优势来说是至关重要的。

（一）社会资本中的知识转移

社会资本的概念被应用于一系列组织内和组织间的研究中（Burt，1992；Nahapiet & Ghoshal，1998）。根据关系的视角（Relational View），一些研究主要聚焦于企业网络关系中的社会资本如何对知识的获取和利用，以及组织学习产生的影响及其向竞争优势的转化。可见，社会资本与知识和知识转移是密不可分的。

从社会网络的角度来说，Podolny 和 Page（1998）指出存在两种学习方式：第一，社会网络可以通过企业间的知识转移促进学习，也就是说，社会网络可以作为处理和转移知识的渠道，向合作伙伴的学习就属于这种学习方式；第二，社会网络可以成为网络层面创新知识的源泉，而不仅仅是聚焦于企业内部。虽然将社会网络作为知识转移的渠道，但这两种网络学习在实际中还是比较难以区分的。通过企业间多样性的联系，网络成员可以获得各种类型有价值的知识，就像 Powell（1990）所指出的，在组织的价值链中，具有价值的信息是十分稀缺的，可以通过价格信号体现出来，这一般来源于曾经合作过且值得信赖的合作伙伴。

企业通过关系网络获得外部知识的程度取决于外部知识的存在方式、企业认识和评估知识价值的能力，以及企业信息共享的意愿（Cohen & Levinthal，1990）。Nahapiet 和 Ghoshal（1998）指出，社会资本有助于知识的获取和利用，这是通过为现有知识资源的交换和整合等价值创造过程创造必要的条件来实现的。也就是说，社会资本通过企业的关系网络影响其知识的可获得性，影响企业所提供的知识共享，并影响知识转移和交换的效率。

社会资本包含不同的维度，其中结构维度、关系维度和认知维度是社会资本三种主要的构成维度，社会资本的三个维度在知识转移的过程中具有不同的特点。表2.8为社会资本与知识转移的关系，由于不同的网络类型具有不同的知识转移条件，因此本研究分别从企业内网络和企业间网络的角度，对社会资本结构维度、关系维度和认知维度不同的特征进行整理和归纳。

表2.8 社会资本中知识转移的条件

社会资本维度		企业内网络	企业间网络
结构维度	网络联系	内部网络成员间的知识转移	通过重复的交互形成的联系
	网络配置	跨国公司总部授权的分权化	网络成员间的多种知识联系
	网络稳定性	较低的人员流动率	知识转移的非竞争方式
关系维度	信任关系	具有清晰透明的惩罚标准以提高网络成员间的信任程度	在未来的合作中存在不确定性
认知维度	共同的目标	共同愿景和集体的目标	企业间彼此的目标明确
	共同的文化	适应东道国当地的文化	存在文化的多样性

（二）社会资本不同维度与知识转移的关系

由于社会资本的不同维度会从不同方面对知识转移产生影响，在这部分我们主要从社会资本的结构维度、关系维度和认知维度三个方面对社会资本与知识转移的关系进行介绍。

1.社会资本的结构维度与知识转移

由于企业关系网络的边界具有可渗透性，个体可以在网络成员间流动。这种流动性建立在正式的社会网络联系的基础之上，网络联系有利于成员间的社会互动并为知识的交换提供了渠道。Ghoshal 等人（1994）在对跨国公司的研究中，指出了社会互动对于在公司内部传播和扩散新思想的重要性。而对于企业间的知识转移，合作伙伴之间的强联系是十分必要的，先备的合作关系和重复的交易都是形成强联系的基础（Gulati，1995）。Larson（1992）指出，强联系有助于促进信任、互惠以及长期关系的形成，联系的强度与组织学习的程度存在正向关系。在不存在强联系的网络之中，尤其是对于竞争者之间的合作关系而言，成员间有时不能形成必要的联系使彼此自愿进行知识共享。

如果跨国公司存在较高的人员流动率，这不利于知识的转移。组织学习依赖于个体的经验记忆和他们的学习能力。随着个体离开企业，他们可能会带走对于企业至关重要的知识。较高的人员流动率也不利于企业内部知识的共享，维持稳定的人员关系可以促进长期而持续的个体间的联系，从而有助于知识的积累和流动。

在企业间的合作中，依赖性可以作为企业控制关键资源能力的来源，当合作一方比另一方学得更快，学习快的一方就不再具有相同的需求，这会导致合作双方不对称性的发生（Makhija & Ganesh，1997）。学习能力较强的企业可以迅速地获得对方的技能，降低他们的依赖性，从而提高其议价能力。知识获取改变了成员间的依存关系，这会导致合作关系不稳定。

跨国公司总部必须对分支机构进行充分授权，从而使它们通过自身决策决定如何对现有的知识进行利用。同时，分权化使跨国公司分支机构按照自己的意愿建立网络联系，而不用随时请示跨国公司总部的批准，提高了效率。分权化有助于成员间的知识共享。Tsai（2002）在对大型公司的研究中指出，集权化与公司内部的知识共享存在负向关系，相互合作的企业间的管理人员会共享他们的经验。Inkepen 和 Dinur（1998）发现有四种联盟结构可以促进企业间知识的共享：技术联系、联盟—母公司的交互、个体的转移和战略整合。这四个过程都为企业获得传统的组织边界外部的知识提供了途径，并为成员间的交流与合作创造了条件。

2. 社会资本的关系维度与知识转移

企业间的关系网络是一个既合作又竞争的社会结构（Tsai，2002），当成员间的合作可以产生规模经济效应的同时，成员间的竞争同样会带来效率的降低。当成员为了资源和市场而竞争，怀疑会取代他们之间的信任关系，从而不利于知识的共享。跨国公司总部应当确立一些明确的惩罚机制从而使成员不会产生怀疑，从而降低成员间的不信任。在企业间的合作关系中，对于未来的不确定性会限制机会主义的产生，并且促进成员间的合作。随着成员间互信机制的建立，其对于机会主义的恐惧会逐渐消退，成员会更愿意使彼此的关系向前发展，即使对于未来的关系还存在较大的不确定性。当信任水平较高的时候，企业更易于在组织学习中投入更多的资源，同时也为知识溢出创造了条件。

对于企业来说，信任关系是知识获取和知识转移的前提条件，信任对于为了共同的目标在一起工作的网络成员来说是必需的，同时信任也是成员间彼此知识转移的先决条件。如果一方认为组织是可预测的，至少对于某一单独的交易来说是这样，如果潜在的回报足够多，彼此就会达成共识，进行知识的交换（Scully & Preuss，1996）。这种信任被称为刚性信任，是建立在对于回报的感知基础上的（Ring，1996）。这种信任一般是建立在正式契约的基础之上，如果收益和成本不相匹配，这种信任关系就不会形成。相比之下，弹性的信任建立在组织及其成员间更强和更广泛的联系上。当收益和成本之间不平衡的时候，这种信任关系依然会存在。

社会互动是指企业与合作伙伴之间的社会关系程度；关系质量是指在社会互动中，基于信誉的信任关系和互惠互利关系的预期程度（McEvily & Zaheer，1999）。企业与合作伙伴之间高水平的社会互动会通过企业之间的信任关系，提高所获得的知识质量，通过提高企业认识和评估相关知识的能力（Cohen & Levinthal，1990），从而提高知识获取的能力。知识获取能力是指企业获得外部知识的能力，知识获取主要体现在：① 知识获取可以通过提高企业知识的深度和广度来提高企业的创新绩效；② 知识获取可以加快新产品的推出速度，缩短研发周期，最终促进创新绩效的提升；③ 知识获取有助于企业根据顾客的需求对产品进行改进和提升（Von Hippel，1988）。

3. 社会资本的认知维度与知识转移

对于跨国公司而言，公司总部会在其世界范围内的分支机构中推行其公司文化，但是每个分支机构都会或多或少地嵌入东道国当地的文化之中（Ghoshal & Bartlett，1990）。例如，倡导共同参与决策的企业文化并不能适用于那些倡导高度集权的新兴国家市场。东道国当地的文化需要被理解和适应，从而有利于知识的转移，使知识转移过程不被文化冲突所阻碍。尽管有学者认为网络成员的多样性可以有利于学习，但是 Pitts 和 Lei（2007）认为用于学习和吸收隐性知识的合作关系对于来自不同文化背景的合作伙伴来说难以管理。但是一些研究同样指出了合作伙伴之间的差异性可以有助于学习过程，因此文化多样性的效果会有利于知识的转移。

合作成员间的冲突将会导致挫败和不满（Anderson，1990），这不利于网络成员间知识的流动。目标的不明确会增加企业内部冲突的可能性，而对于企业间的冲突来说，明确的目标有助于成员间的协商和共同目标的建立，从而降低网络成员间发生冲突的可能性。根据 Tsai 和 Ghoshal（1998）的研究，共同愿景是指集体的目标和公司内部网络成员的渴望。当共同的愿景出现在网络中，成员会具有相似的理念，这可以促进相互的理解以及想法和资源的交流。因此，共同愿景可以被认为是有助于不同关系网络进行知识整合的连接机制。

有学者指出，新知识的创造是通过对现有知识的重新整合而实现的（Henderson & Cockburn, 1994）。尽管企业可以将现行的一些技术知识进行整合，然而整合的知识资源被企业所在的关系网络结构所限制，知识资源可以通过关系网络进行重新整合。扩张到海外市场可以为企业提供获得新知识的机会，在新的海外市场获得的知识成分可以与企业现有的知识基础进行整合，所带来的创新有助于问题的解决（George et al., 2008）。知识的重新整合带来创新的同时也会反过来对技术领域产生突破性的影响，当一个企业扩张到海外市场，企业会通过在海外市场的关系网络获取新的知识，并且将这些新的知识与自身的知识基础进行整合，从而产生突破式的创新（Ahuja & Lampert, 2001）。

（三）社会资本中的知识冗余

1. 对于冗余的界定

冗余是指在一个既定的计划周期内，组织所拥有的过量的资源储备（Sharfman et al., 1988; Nohria & Gulati, 1996）。当组织在之前一个时期准备出多余的资源以缓冲将来因为环境不确定性带来的压力，或是组织不能很好地计划自身的资源需要，冗余的资源就会产生。关于冗余的资源对探索式行为和利用式行为的影响的研究，理论界存在两个主要观点：一种观点认为，冗余的资源可使组织将注意力从防患于未然转移到能带来潜在高回报的深入的思考，以及具有风险性和创新性的冒险活动之中（Nohria & Gulati, 1996）。例如，冗余的财务资源可以有助于组织对于突破式产品创新的投入，从而防止组织面临资源耗尽的危险。另一种观点认为，较高程度的资源容易导致风险厌恶，从而导致较低程度的探索式活动，使组织反应被动，从而增加了通过利用式行为对现有能力进行投入的动机（Levinthal & March，1993）。这种观点表明，当组织拥有较低的资源水平时更易于进行探索式活动，尤其在竞争的环境下更是如此（Katila & Shane，2005）。

这种对立的观点可以通过考虑冗余资源的稀缺性和吸收性来解决，因为稀缺的资源是难以替代的，企业对其进行有效利用的动机很低，更倾向于将其保存起来。因为吸收的资源已经被投入具体的使用当中，企业不能够对其有效地重新利用。因此，由于冗余资源的稀缺性和吸收性，极具风险性的探索活动会受到限制。

2.社会资本中的冗余

要对社会资本中的冗余进行更好的解释，需要对社会资本中的关系维度进行扩展和延伸（Adler & Kwon，2002；Barney & Hansen，1994）。关系冗余是指过量的资源被特定关系的利益相关者投入组织之中，其中包括供应商（Dyer & Singh，1998）、董事会成员（Hillman & Dalziel，2003）等。关系冗余是指由于顾客、供应商等合作伙伴关系所导致的冗余，从而为组织带来实实在在的好处。相对于一次性的交易而言，关系资源具有长期性，可以带来可预期的收入，有助于提高计划的效率并降低营销所需的成本。可见，关系资源可以转化为组织的资本，关系资本的冗余程度是通过关系资源带来的收益体现出来的。

冗余的关系资源是一种相对稀缺的和未被吸收的资源，一般来说关系是难以形成的，而且一旦形成也是相对难以维持的。关系资源的冗余是通过信誉和信任关系建立起来的（Barney & Hansen，1994）。竞争的企业很难建立稳固的关系冗余，这是由关系资源冗余的时间和路径依赖所决定的。基于关系资源的这种稀缺性，关系冗余不能够通过市场资源所获得（Dierickx & Cool，1989）。然而，冗余关系资源并不具有专用性，是属于一种未被吸收的资源，其重新配置并不存在结构方面的限制。

尽管关系资源的冗余可以带来产品探索式行为，但是由于冗余的关系资源的稀缺性，组织不会将其用于冒险性的尝试。考虑到建立关系资源冗余的困难性，企业在进行探索式行为的时候会十分谨慎，并且会保护这种难以获得和难以复制的资源（Gilbert，2005）。随着关系冗余的增加，企业更加不愿意偏离基于现有关系的价值创造活动（Christensen & Bower，1996）。较高的关系冗余会伴随着较低的组织适应性，并且会导致组织对难以获得和难以恢复的资源的保护。因此，我们认为关系资源的冗余和探索式行为之间存在负向的关系。

此外，关系资源的冗余会使组织聚焦于利用式行为，提高和改进现有的产品和服务。对于现有产品的利用和渐进式的提高是与关系网络中的顾客预期相一致的。而且，利用式行为很少会为关系资源的冗余带来风险。因此，较高程度的关系冗余会提高产品的利用率。

3. 冗余对跨国公司的不利影响

之前另外一些研究发现，强关系不一定会带来正向的产出（Krackhardt，1999）。当网络成员彼此密切地联系，共享的信息和知识会带来冗余而不是新的领悟（Granovetter，1973；Rowley，1997）。也就是说，具有共同理念、相互密切联系的网络成员经常会达成一致，从而限制创新的提出以及对于新服务的采纳。相互联系的网络成员同样会为了避免冲突，维持他们现有的关系，而不会彼此质疑对方（Fombrun，1986）。当网络成员间的联系过强，会限制成员新想法的提出，从而会阻碍服务的创新（Krackhardt，1999）。

基于这两种相互对立的观点，一般认为网络密度与服务创新之间存在着非线性的关系，网络密度会对服务创新带来双重的效果。一方面，跨国公司与东道国市场组织的网络关系会为服务创新带来正向的影响；另一方面，当网络密度过大，从关系网络中获取的信息和资源就会发生冗余，从而会降低服务创新的效果。

跨国公司创新过程中所采用的战略是基于新产品和新服务的开发，并且依赖于组织冗余在不确定的环境中进行创新的（Bessant & Tidd，2007）。然而，随着市场的成熟和新进入缺陷（Liability of Newness），企业的竞争环境发生了变化，因此需要在创新过程中降低相应的成本（Bradley & Rubach，1999；Bessant & Tidd，2007）。此时，跨国公司应该将资源的冗余降低到一个适当的程度，以适应降低成本的需要。

第三章 中国跨国公司海外经营战略要素分析

在文献回顾的基础上，本章构建了反映研究变量之间关系的概念模型，分别讨论概念模型的构建逻辑和理论基础以及模型的构成维度。

第一节 概念模型的提出与构建

这部分介绍概念模型的构建思路，以及模型中所涉及的主要变量，对模型中变量之间的构成维度、逻辑关系和模型的路径组成进行分析，对概念模型构建逻辑进行讨论，为后面研究假设的提出奠定基础。

一、概念模型的提出

本研究的概念模型主要包括四个部分。

第一部分是海外社会资本的构成维度。根据理论回顾，本研究将海外社会资本分为结构型社会资本、关系型社会资本和认知型社会资本三种类型。海外社会资本作为中国跨国公司在海外市场重要的知识来源，在中国跨国公司形成核心竞争力的过程中扮演了重要的角色。

第二部分是跨国公司的组织学习能力。中国跨国公司在海外市场中的组织学习是其将海外社会资本中所蕴含的知识进行吸收转化的重要途径。跨国公司对海外市场中社会资本的利用，是通过对组织学习能力的开发和培养实现的。探索式学习能力和利用式学习能力是两种主要的组织学习能力，这两种学习能力并不是相互排斥的，跨国公司可以同时开发这两种能力。根据两种学习能力的强弱，可以组成学习能力的四种匹配战略，即高探索—高利用战略、高探索—低利用战略、低探索—高利用战略和低探索—低利用战略，不同的战略所带来创新绩效的类型和程度也存在一定的差异性。

第三部分是跨国公司在海外市场的创新绩效。根据创新类型的不同，可以将其分为突破式创新和渐进式创新，与之相对应的创新绩效分别为突破式创新绩效和渐进式创新绩效。突破式创新会带来根本性的变化，是前所未有的开创性的创新；而渐进式创新所带来的变化是渐进式的，可能对于企业来说是全新的，但是在行业内其他企业中是已经存在的。跨国公司不同的组织学习能力及其匹配战略会带来不同类型的创新绩效，这也是本研究的核心问题之一。

第四部分是环境动态性的调节效应。中国跨国公司的海外社会资本通过对组织学习能力的影响，进而向创新绩效转化的过程是相对复杂的，因为这会涉及海外市场中较高的不确定性，较高的不确定性就会带来环境的动态性，环境的动态性会影响海外社会资本对组织学习能力的作用过程。本研究的概念模型框架如图3.1所示。

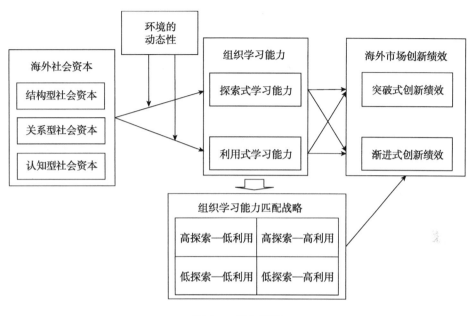

图 3.1　概念模型

二、概念模型的构建逻辑

概念模型的构建是围绕中国跨国公司对海外社会资本的利用和转化而展开的，海外社会资本的三种主要类型是模型构建的前置因素，组织学习是跨国公司对海外社会资本进行转化和利用的重要手段和途径，海外社会资本通过组织学习能力及其匹配战略向创新绩效进行转化，而海外市场的创新绩效是衡量海外社会资本转化效果的标准。同时，环境的动态性被作为调节海外社会资本影响组织学习能力的程度和方向的重要变量。

（一）海外社会资本

与企业的财务资本和人力资本相类似，作为一种生产性资源，跨国公司的海外社会资本能为其经营活动带来某种程度的便利并降低经营所需的成本。但是海外社会资本也有与其他资本不同的地方，这主要体现在社会资本具有互惠互利的性质，可以达到"双赢"的效果，而其他类型的资本只能为企业自身带来好处。而且，海外社会资本是可循环和可再生的，随着社会互动交往的增强，企业的社会资本会不断地补充和丰富，并在此基础上不断地延伸。此外，海外社会资本的独特属性还在于能为跨国的经营公司提供当地的知识，有助于跨国公司降低海外市场的不确定性，并且将海外市场的资源转化为自身的竞争力。

海外社会资本拥有一定的网络性，海外社会资本是通过特定的海外关系网络发挥作用的。海外社会资本还具有路径依赖的特性，社会资本的功能需通过不同主体间的合作关系来实现。Andrew 和 Klaus（2009）从资源基础观的角度，剖析了企业社会资本的性质，认为企业会不断积累各种资源，而那些稀缺的、难以转移、难以替代的、具有极大价值的资源是企业竞争优势的重要来源和带来较高利润的重要因素。可见，海外社会资本是跨国公司在海外市场中重要的资源，同时也是跨国公司核心竞争力的重要来源。

（二）组织学习能力

本研究建立在 March（1991）研究的基础上，认为企业的商业活动都会涉及组织学习，企业通过经验的积累，可以将学习曲线整体向下移动。一般认为，在社会网络中总是存在组织学习的，尽管有时候学习的效果并不明显且仅仅是为了降低多变性。与 March（1991）的研究相一致，本研究认为有两种主要的学习方式：探索式学习（Exploratory Learning）的本质是通过新的方法进行创新性的试验，利用式学习（Exploitative Learning）的本质是对现有能力、技术和规范进行改良和扩展。

March（1996；2006）在研究中指出，尽管探索和利用两种学习方式对于长期的适应性来说都是十分必要的，但是它们在根本上是不相容的。首先，两种学习方式会争夺组织的稀缺资源，在利用式学习上投入更多的资源意味着为探索式学习留下更少的资源，反之亦然；其次，两种学习都会不断地强化，虽然探索式学习经常会导致失败，但是可以有助于搜寻新的想法和观点，这也会促使更多的探索式学习，相比之下，利用式学习会导致过早的成功，从而会使组织沿着相同的轨迹进行更多的利用；再次，探索式学习所形成的习惯倾向和组织规则与利用式学习存在很大差异。

可见，尽管 March（1996）所提出的探索和利用之间存在彼此的适应性，但是它们彼此之间的交互存在零和博弈，两种学习方式之间存在资源的竞争。本研究在之前研究的基础上，将跨国公司整体作为研究对象，因为组织层面的经验学习是经常存在的。探索式学习和利用式学习之间存在一定的区别和联系，本研究在此基础上把两种学习能力进行整合，认为跨国公司可以同时开发两种学习能力，但是其各自的程度是不同的。此外，根据两种学习能力的高低，可以形成四种学习能力匹配战略，组织学习能力构成了海外社会资本转化的重要途径。

（三）创新绩效

之前学者们普遍认为不断增加的研发密度会提高企业的绩效（Deeds et al.,

1997），然而也有学者指出存在其他更加难以测量的变量会对提高企业的绩效产生影响。基于之前研究的局限性，理论界开始研究资源投入对于创新产出的影响，而不是企业绩效的影响。在此基础上，得出的结论是：资源配置，如分散化和网络化，对企业的创新绩效存在显著的正向影响（Franko，1989；DeSanctis et al.，2002）。也就是说，企业投入创新活动的资源越丰富，创新绩效就会越高。创新战略的实施需要生产性的资源、如人力、技术、资金等，社会资本可以是这些资源的来源。

将海外社会资本中的知识资源作为创新的投入会存在较高的不确定性，如对不同的关系网络进行协调。因此，海外市场的知识转移十分依赖于有效的知识转化机制，也就是组织学习，企业投入较多的资源形成较强的学习能力更易于将海外社会资本转化为创新绩效，并通过创新绩效衡量其转化效果。同时，不能将创新绩效一概而论，有必要将创新绩效按照创新的程度和类型进行划分，即分为突破式创新绩效（Radical Innovation Performance）和渐进式创新绩效（Incremental Innovation Performance），从而能更好地探究学习能力与创新绩效的关系。

突破式创新和渐进式创新的差异性在之前的文献中被验证，然而之前的文献很少有关于与不同的创新类型相匹配的学习能力的研究。我们的研究就聚焦于海外市场，研究究竟是何种学习能力可以产生与突破式创新和渐进式创新相匹配的绩效，以及如何构建与两种创新方式相对应的学习能力。本研究将社会资本理论、组织学习理论和创新相关理论相结合，建立了一个创新性的研究模型，将海外社会资本和企业的学习能力与创新相结合，这也是本书的一大创新点。

（四）环境的动态性

跨国公司在将海外市场的社会资本向创新绩效转化的过程中，考虑到海外市场比本土市场具有更大的不确定性和动荡性，以及跨国公司在海外市场所形成的社会资本并不是一成不变的，因此有必要将环境的动态性考虑在内。东道国市场的社会资本作为降低企业在海外市场所面临不确定性的重要途径，得到了企业界越来越多的关注和重视。然而社会资本并不是一个静止不变的概念，而是相对静止的，是一种存在高度流动性的资源，环境的动态性通过海外社会资本增加或减少的不断变化体现出来。

外部环境作为企业间关系网络的限制，改变着企业的行为，有助于联盟的形成和合作伙伴的选择（Gulati，1995），这反过来也决定了企业在关系网络中的位置。外部环境为社会资本的研究提供了理论基础，并且为关系网络中的知识溢出提供了具有可操作性的解释。可见，将环境的动态性考虑在模型内，并将其作为一个重要的调节变量，具有一定的理论意义和现实意义。

第二节　中国跨国公司海外经营战略要素的作用

在这部分我们首先从企业社会资本的界定、海外社会资本的维度和社会资本与创新的关系三个方面对海外社会资本的理论基础进行介绍；然后介绍作为知识转移重要途径的社会关系网络，包括社会网络理论的基本观点，以及封闭的网络和结构洞的观点；接下来介绍有助于知识转移和吸收的组织学习能力；然后对社会资本与创新绩效的关系以及组织学习能力与创新绩效的

关系进行介绍；最后介绍海外社会资本转化过程的重要调节变量——环境的
动态性。

一、海外社会资本：知识的重要来源

根据社会资本理论，要使企业的动态能力得到充分发挥，企业必须对社会
资本充分利用来获得所需的知识资源。跨国公司的经营活动会嵌入其海外分支
机构所组成的海外社会网络之中，这些分支机构在东道国当地的社会资本及其
海外社会网络关系为跨国公司的国际化经营提供了所需的资源，这有助于跨国
公司识别和利用海外市场中的机会，弥补自身资源的缺陷和不足。

（一）企业社会资本的界定

根据 Burt（1992）、Nahapiet、Ghoshal（1998）等学者的研究，企业社会资
本（Corporate Social Capital）定义为企业通过其社会网络关系所能获得的关系
资源以及相关的能力资源。也就是说，和传统的社会资本的概念相类似，企业
社会资本是一种存在于社会网络的资源，是企业通过社会网络关系和网络结构
获得的资源。社会资本还包含了企业对资源进行运用的能力，这种能力内嵌于
关系网络之中，是在与社会关系网络成员交互的过程中逐渐形成的，促进双方
的理解和互信，并在此基础上进行资源的开发。

社会资本来源于累积的和持续的社会关系（Bourdieu，1986；Coleman，
1990）。社会资本既不代表个体的质量，即人力资本，也不是指所能获得的资源
质量，即物质资本（Porter，1998）。社会资本是社会成员之间的关系，社会资
本主要是指社会成员所维持的社会关系的数量、强度和密度等特征。在本研究中，

我们将跨国公司视为一个整体，主要聚焦于跨国公司通过外部的网络关系所形成的社会资本。跨国公司在海外市场通过获得社会资本的外部网络关系如图 3.2 所示。

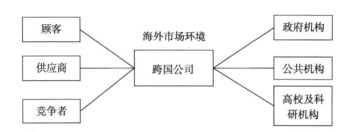

图 3.2　跨国公司在海外市场的社会网络构成

Burt（1992）认为，社会资本是社会成员间的一种契约形式，通过这种契约，社会成员可以对人力资本、金融资本等资源加以利用。尽管之前的研究表明，网络成员可以通过社会资本受益，但是这些好处的获得方式和程度是不同的。Coleman（1990）和 Fukuyama（1995）指出，社会资本是一种"公共物品"，强调社会资本首先会为集体带来收益，其次才会为个体带来收益。相比之下，Burt（1997）认为社会资本属于一种"私人物品"，个体可以直接从社会资本中获得收益，社会资本被作为一种资产，个体可以用以改善自身的竞争地位。

社会资本在对企业绩效的测量中得到了广泛的应用（Peng & Luo，2000；Batjargal，2003），这主要是由于社会资本揭示了社会成员在关系网络中的嵌入性及其在网络关系中的价值。社会资本对企业的作用包括：可以提高跨职能团队的效率（Rosenthal，1996），有助于智力资本的创造（Hargadon & Sutton，

1997），并且有助于组织间资源的交换和产品创新（Gabbay & Zuckerman，1998）。此外，社会资本还可以提高区域网络的生产效率（Romo & Schwartz，1995），加强与供应商的联系（Uzzi，1997），以及企业间的学习（Kraatz，1998）。

此外，Batjargal 和 Liu（2004）发现，从个体的角度来说，社会资本可以起到降低社会风险和不确定性的作用，并且有利于获得风险资本；折晓叶和陈婴婴（2004）以中国乡镇企业为样本，研究在改制过程中，社会资本的重要作用；石军伟和胡立君（2005）在博弈论模型的基础上，研究企业社会资本的供给决策，并且在研究中发现企业社会资本的自愿供给结构和合作伙伴的策略等因素存在着联系。

（二）海外社会资本的三个维度

之前学者在融合了 Granovette 的结构性嵌入和关系性嵌入的观点以及战略管理中共同认知的思想后，将测量企业社会资本的理论框架聚焦于结构维度（Structural Dimension）、关系维度（Relational Dimension）和认知维度（Cognitive Dimension）三个方面（Nahapiet & Ghoshal，1998；Adler & Kwon，2002；Akdere，2005）。首先，结构维度包括网络成员间联系的质量和网络成员的数量等，如联系强度和网络容量；其次，关系维度用来检验关系因素的影响，如网络成员间的信任关系；最后，认知维度是为了检验组织文化在一个社会体系中对组织价值观等方面达成共识的影响，价值观的嵌入式结构有助于组织文化的形成（Akdere，2005），这有助于对网络成员知识的有效利用。

对于海外社会资本来说，结构型社会资本表示跨国公司与东道国网络成员间的联系模式，是社会网络非人格化的一面。结构型社会资本的一些指标包括网络配置、网络密度等，反映了跨国公司海外社会资本的联系模式，以及网络的连通性和信息流动的顺畅程度，是一个社会资本相对客观的维度。

关系型社会资本是指跨国公司通过关系的创造和维护获得的资产，强调了关系网络人格化的一面，是跨国公司在东道国市场建立关系的体现。关系型社会资本包括组织信任和人际信任两个方面，其中，组织信任是跨国公司整体的信任，而人际信任更多地强调个体之间的信任。通过信任关系所建立的组织间的沟通渠道使得组织间的合作更加顺畅，促使组织间的关系更加紧密。

认知型社会资本是指得到广泛理解的资源，如共同的语言、共同的文化、共同的愿景等方面。其中网络成员共同的目标和共同的文化是认知型社会资本的重要组成部分，反映了网络成员对目标的共同理解，看法和观点的一致性，以及彼此间文化的相容性，是网络关系建立的基础。

海外社会资本为跨国公司带来的优势取决于其三个维度的配置情况。由于社会资本可以从个体和企业两个层面进行分析，本研究主要聚焦于企业层面的社会资本，即企业的社会网络关系（Adler & Kwon，2002）。本研究聚焦于在某一特定东道国市场，企业基于社会资本不同维度配置的国际化经营，尽管之前有关于社会资本维度的演化以及维度间是否存在一定平衡关系的研究，但这些研究只是聚焦于社会资本的某一方面，并没有将社会资本与国际市场的特征相结合。本研究从多维度的理论视角对社会资本进行分析，并且涵盖了社会资本活动的不同轨迹（Brass et al.，2004；Payne et al.，2011）。也就是说，本研究的模型既从社会资本的结构维度，又从关系维度和认知维度反映了跨国公司在海外市场与其他组织或个体的关系。

二、社会关系网络：知识转移的重要途径

跨国公司通过建立海外社会网络关系，可以获得的收益包括以下方面。第一，跨国公司可以获得所需的财务资源和组织资源；第二，跨国公司可以获得关于产品、营销、技术等方面的知识和信息；第三，社会网络关系为知识获取和知识利用创造了机会和条件。

（一）社会网络理论的基本观点

组织间的关系是指企业与外部组织或个人的关系，如顾客、供应商、投资者、政府机构等（Dyer & Singh，1998；Larson，1992）。企业通过网络关系开发的社会资本越多，其获得新知识并将新知识转化为竞争优势的可能性就越大。就像 Dyer 和 Singh（1998）在关系（Relational Rents）模型中指出的，企业创造竞争优势的潜力不仅仅依赖于自身的资源，同时也取决于与其他关键企业之间的关系。

企业是内嵌于社会网络之中的，不能独立于社会网络而存在，企业可以通过组织间的网络关系获得所需的知识。企业的社会网络关系也是其社会资本的重要组成部分，根据社会资本的定义，社会资本并不能被某一个企业独占，而是在关系网络中可以相互影响并被多个网络成员所共用。企业作为社会成员的重要组成部分，可以通过与关系网络中的参与者的联系，如顾客、供应商、甚至是竞争者，而获得所需要的资源。

企业可以有效地进行资源的配置，企业聚集了如商誉、销售渠道、稳定的顾客关系、特许经营权等资源和优势，这些资源内嵌于企业的关系网络之中，并且很难被其他企业所复制，也不会随着个体的流动而轻易地丧失。可见，关

系网络作为一种结构性的网络，是可以被企业长期占有的，避免了公共物品所具有的劣势。

过去一段时间，关于组织内和组织间社会网络的研究已有了很多的积累（Borgatti & Foster，2003；Brass、Galaskiewicz et al.，2004；Parkhe et al.，2006），这些研究涉及许多领域，如组织社会学（Organizational Sociology）、组织理论和战略理论等，并且从不同层面对社会资本进行分析，如个体层面、群体层面、企业层面、行业层面和国家层面。在本研究中，我们主要聚焦于组织间或企业间的社会网络，这包含了组织间或企业间的联系，如战略联盟、买卖双方关系等。

将社会网络的观点应用于组织间的层面是十分重要的，组织间的联系方式和结构以及联系的强度都会影响企业的行为和企业的产出。关于组织间网络的文献涉及许多理论，如社会资本理论（Bourdieu，1986；Burt，1992；Coleman，1988）、资源基础观（Gulati，1999）、资源依赖理论（Bonacich，1987）、信号理论（Spence，1973）和关系的视角（Dycr & Singh，1998）。这些理论从不同视角解释了组织间的网络关系，尽管存在一些差异，但这些理论还是具有一定重叠的。例如，社会资本理论和关系视角都表明，企业可以通过组织网络获得组织外部的资源和能力。

图 3.3 表示了根据两组不同维度对社会网络类型进行的划分，垂直—水平维度表示社会网络成员在关系网络的价值链中占据不同位置的程度，结构性—非结构性的维度表示关系网络治理机制的结构化程度。在一个结构性的网络中，网络成员的角色和网络关系会被明确地定义，网络成员会被有效地组织以达成明确的目标，而在非结构性的网络中情况正好相反。

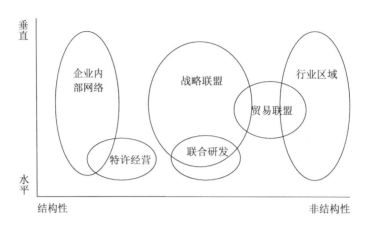

图 3.3　社会网络的类型

资料来源：ANDREW C I，TSANG E W，2005. Social capital networks & knowledge transfer [J]. Academy of Management Review，30（1）：146-165.

（二）封闭的网络和结构洞

社会资本的形成是一个复杂的过程，主要原因在于社会资本是一个非常复杂的概念，其包含的影响因素又非常多，而且这些因素之间又存在着相互作用关系，同时这些因素与社会资本之间也存在着一定的因果关系。因此，本研究将这些要素统一归纳为社会资本的重要来源。有学者在研究中指出，关系网络中的结构洞（Structural Holes）是企业社会资本的重要来源，也有学者指出封闭的网络（Closed Network）是社会资本的来源。

企业间频繁、密切的社会互动可以促进关系双方深入地了解、共享重要信息、形成共同愿景等。因此，在关系网络中处于核心位置的企业更容易与其他企业形成信任关系，促使合作双方对解决问题的方式、方法形成共同的理解，成为促使社会资本形成的一种重要机制。组织间的专用性投资将导致合作双方的相互依赖性不断增强，并且将彼此锁定在这种合作关系之中，从而促进产生并维持一种信任关系，进而有利于企业社会资本的形成和积累。

社会网络理论中存在两种观点，一种是封闭网络的观点（Coleman，1990），一种是结构洞的观点（Burt，1992）。封闭网络的观点认为组织间的网络是缺乏结构洞的，并且会具有一致性的特征并形成互信的机制，从而有助于网络成员彼此的交流和集体行为的顺利实施（Coleman，1990）。因此，密集的网络有助于网络成员追求共同的目标，有助于网络成员彼此识别并且进行相互协作（Zenger & Lawrence，1989）。

封闭的网络与结构洞相反，经常被用来测量网络自身的密度（Coleman，1990），完全封闭的网络是指所有的网络成员都彼此相连接，此时网络密度会达到最大。有学者认为封闭性高的网络会增加合作和信任（Coleman，1990），增加成员间的知识共享（Rowley et al.，2000），并且可以提高成员的绩效水平（Ahuja，2000）。

结构洞存在于两个网络成员之间，当这两个成员同时与第三方联系而彼此不存在联系，就会形成结构洞。结构洞理论认为，在社会网络中连接结构洞或节点之间空缺的位置有助于获得有价值的信息，网络成员在结构洞之间搭建桥梁可以获得信息和控制的优势（Burt，1992）。因此，网络成员如果与彼此不存在联系的成员连接，则可以获得更广泛的知识和资源。处于结构洞位置的企业可以获得更加多样化的技能、信息和经验，因此可以提高其创新行为的能力（Pell et al.，1999）。当封闭的网络的观点聚焦于本土的互动，结构洞聚焦于通过全球化的社会体系所获得的信息优势。结构洞的构成如图3.4所示。

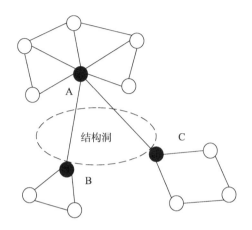

图 3.4　结构洞的构成

资料来源：ZAHEER A, et al., 2009. It's the connection : the network perspective in interorganizational research [J]. Academy of Management Perspectives,（2）: 62-77.

关于社会资本结构的决定因素的研究在很长一段时间内都存在争议（Burt，2000），社会资本由封闭的网络和结构洞同时构成。Burt（1992）在研究中指出，具有丰富结构洞的网络可以为网络成员创造社会资本，而 Coleman（1988）则认为封闭的网络才会产生这种效果。为了使这些观点趋于一致，一种方法是将结构洞和封闭的网络看作互为补充而不是相互对立的机制（Reagans & Zuckerman，2001）。也就是说，企业应该从组织边界外部获得多样性的知识资源，而企业中的个体需要彼此间分享这种多样性的知识。

当组织外部存在竞争的时候，结构洞会创造社会资本；而需要在组织内部进行合作的时候，封闭的网络会创造社会资本（Burt，2001）。Rowley 等人（2000）的实证研究表明，与企业有直接联系的合作伙伴的联系密度会增加其绩效，而在倡导探索式战略的环境下，联系密度会降低企业的绩效，表明知识在封闭网络和结构洞之中具有不同的价值。Koka 和 Prescott（2002）将社会资本理论化为一个多维度的构建，认为信息的丰富性（来自强联系和密集的网络）和信息的多样性（来自结构洞）是社会资本的主要维度。

三、组织学习能力：有助于知识转移和吸收的动态能力

探索和利用两种学习方式对于企业绩效的提高都是十分重要的（Leonard-Barton，1992）。在本研究中，我们将探索式学习能力和利用式学习能力作为企业为了获得更高绩效所必需的，且与创新相关的能力因素。我们通过组织学习理论（Organizational Learning Theory）解释海外社会资本对于企业学习能力的影响，进而对企业的创新绩效进行分析。

跨国公司学习的重要方式之一就是创造关于东道国市场的新知识（Birkinshaw，1997）。例如，当跨国公司处于一个高度创新和变化的环境中，或者是处于一个崭新的环境中，这会促使探索式学习的产生（Schulz，2001）。跨国公司的探索式学习能力首先会通过为当地顾客提供令其更加满意的产品和服务，提高海外市场的绩效，随着这些新产品和新服务的开发，跨国公司创造了新的市场机会（Birkinshaw，1997）。在海外市场进行的具有风险的试验性活动为跨国公司带来了多样性的好处，如果没有探索式学习所带来的多样化的机会，跨国公司对于其关系网络的利用能力就会受到限制。

利用式学习是指对跨国公司现有知识的重新整合，这与跨国公司的传统角色一致，也就是使自身的产品和服务满足东道国当地的消费需求和趋势。与创造新的知识相比，对于现有知识的利用是指对现有知识的改进和提升。在跨国公司内部对知识的内部转移是利用式学习最好的例子，所得到的知识会更加稳定并具有较低的多变性。

一些研究认为，利用式创新会以牺牲探索式创新为代价，利用式创新和组织惯性会在给定的技术轨迹内对现有的顾客产生影响，但是这种能力会降低多样性，从而阻碍探索式创新和新顾客的开发（Henderson et al.，1998）。过分聚焦于可测度的效率和降低变动性会阻碍多样性的提高，从而会影响组织的创新能力和适应外部技术变化的能力，核心能力会因为不能适应快速变化的环境而成为一种刚性的阻碍（Leonard-Barton，1992）。对现有资源快速利用所进行的创新，可以产生更加容易测量的、短期的收益。由于短期绩效的压力和现有顾客的需求，利用式学习比探索式学习更容易实现，这使得不确定的和难以定量的探索式学习更加缺乏吸引力。

March（1991）指出，探索式行为和利用式行为对于组织来说都是十分必要的，这可以通过研究与开发之间的关系来解释，即能带来长期技术突破的研究和能带来短期回报的产品和流程的开发。这也可以看作具有高度时间和成本易变性的产品与聚焦于维持现有市场的低风险的产品之间的关系。探索式学习是一个创造新知识的过程，而利用式学习是对现有知识的利用过程。探索和利用之间的平衡，或者是渐进式创新与突破式创新之间的平衡，是组织适应性研究中一直以来存在的主要问题（Gavetti & Levinthal，2000）。

Tushman 和 O'Reilly（1996）指出，需要在探索和利用之间达到平衡，同时进行探索和利用的企业更易于获得较高的绩效，比那些只追求两者之一的企业具有更高的绩效水平。这也可以通过 Eisenhardt 和 Martin（2000）的关于动态能力的概念加以解释，即动态能力需要探索和利用这两种不同的战略逻辑。动态能力来源于创新，并且同时来源于探索和利用两种学习方式。根据 Katila 和 Ahuja（2002）的论述，探索式学习经常需要对现有的资源和能力加以利用，探索式学习同样会提高企业现有的知识基础，这构成了吸收能力的动态路径。

因此，企业可以同时开发探索式学习能力和利用式学习能力，并且根据两种动态能力的高低组成学习能力的四种匹配战略，如图 3.5 所示。

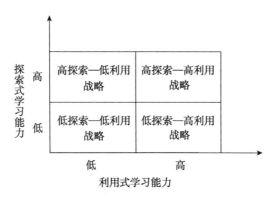

图 3.5 两种组织学习能力的匹配战略

四、创新绩效：衡量海外社会资本转化结果的指标

在关于创新绩效的研究中，创新程度被认为是一个重要的指标（Sorescu & Spanjol，2008）。学者们在创新程度的基础上对创新方式进行了分类，其中突破式创新和渐进式创新是两种根本的创新方式，同时也可以视为一个连续统一体的两端（Germain，1996），与之相对应的突破式创新绩效和渐进式创新绩效被广泛应用于创新绩效的研究中。

（一）社会资本与创新的关系

创新的主要来源是个体间、企业间或区域间的知识流动（Audretsch & Feldman，1996），而社会资本可以在特定的经济行为中促进知识的流动，成为创新的重要来源。根据 Maskell（2000）的研究，知识经济的竞争不是依赖于成本和价格，而是依赖于比竞争对手更快地提高、创造和传播知识；市场失灵是由于个体间或企业间知识交换的信息不对称，这可以通过市场关系被以信任为基础的交换关系所替代来实现。

Coleman（1988）在研究中指出，社会资本包括多种不同的实体，但是具有两个共同点：它们都由社会结构的某些方面构成，并且有助于成员的某些特定行为，若缺乏社会资本则会使某些特定的目标不能达成。根本上说，社会资本可以通过降低交易成本的方式提高某一经济行为的效率，从而会影响创新（Maskell，2000）。在这个研究框架中，存在一种机制使得某些嵌入网络关系的社会特征，如信任、共同的价值观、准则等，培养出创造性，从而可以带来创新。

Audretsch 和 Feldman（1996）指出，可编码知识的转移成本的差异并不十分显著，而隐性知识的转移则依赖于成员间地理位置的接近和联系的频率。Breschi 和 Lissoni（2001）指出，彼此间的信任可以有助于交换和传播特定的知识。信任可以提高企业间及企业与外部组织间的合作，不仅有助于新流程的实施，而且有助于信息的分享（De Clercq & Dakhli，2004）。可见，社会资本有利于企业间知识的转移，从而有利于创新的实现。

一些研究证实了社会资本与创新的关系。Knack 和 Keefer（1997）认为更高水平的社会资本意味着更低的监督成本，使得企业不必为合作伙伴的不当行为和不履行职责而担心，企业可以投入更多的时间和资金到创新活动中；De Clercq 和 Dakhli（2004）在社会资本和创新之间建立了实证联系，并指出关系网络之所以会孕育创新是因为它们使组织中的个体接触到不同的思想，同时提供了多样性的信息资源，关系网络使企业分享特定的知识，使企业知道如何利用商业机会，增加创新的成功率；Kaasa 等人（2007）和 Akcomak、Ter Weel（2008）指出，高水平的信任说明网络成员更少地进行风险规避，因此他们可以在研发中进行更多的投入，从而获得更高的创新产出。

（二）组织学习能力与创新的关系

探索式学习会提高创新绩效是因为企业可以在原有知识的基础上不断加入新的要素（March，1991）。通过为产品设计的新特征和新优势，探索式学习保证了新产品会包含区别于竞争对手的新元素，从而能更加满足顾客偏好（Katila & Ahuja，2002）。探索式学习尽管具有一定的优势，但也存在巨大的风险和成本，如在问题解决过程中由于涵盖了太多新的想法所导致效率低下，有时新产品的特征和优势不能充分满足顾客的需求或与顾客的需求不相匹配。

同时，过多创新性的想法对于企业来说过于复杂和难以协调，较高的探索式学习能力会降低新产品和新服务的可靠性。对于在海外市场经营的跨国公司来说，探索式学习的风险和成本是十分巨大的，跨国公司在海外市场可能会缺少共同的规范或是足够的能力用于信息的收集、分析和处理。

利用式学习是指企业充分利用现有的技术和产品领域的有限资源。这使得企业在技术和市场先备知识和经验的基础上，可以提高新产品开发的效率（Shane，2000）。因此，利用式学习降低了在问题解决过程中发生错误的可能性，避免了创新过程中的失误。利用式学习为现有知识的整合创造了条件，这有助于创新的顺利实施。

然而，较高水平的利用式学习意味着企业缺乏知识的多样性，从而不能够深入理解与现有的技术水平存在极大差异的新兴的技术和市场状况（Benner & Tushman，2003）。在熟悉的知识领域内进行更深入的利用式学习使得对替代产品的应用和技术的新发展更为困难。因此，较高水平的利用式学习会导致创新效率的下降和错误的发生，这也就是 Ahuja 和 Lampert（2001）所说的"熟悉陷阱"。

可见，探索式学习能力和利用式学习能力与创新绩效之间的关系存在两面性，两种组织学习能力与创新绩效的关系要复杂得多。因此，不能将创新绩效一概而论，有必要将创新绩效按照创新的程度和类型进行划分，即分为突破式创新绩效和渐进式创新绩效，从而能更好地探究两种学习能力与不同海外市场创新绩效的对应关系。

五、环境的动态性：海外社会资本转化过程的重要调节因素

环境的动态性对于跨国公司在海外市场的知识转移也是十分重要的，之前对于社会资本的研究一般都是基于静态的，而对于网络动态性的研究也是必要的（Ahuja et al.，2009）。社会资本的动态性是由环境的动态性所导致的，因此，有必要将环境的动态性作为调节变量进行研究。

一些关于组织间关系的研究强调由于环境的变化，社会资本并不是静态的，而是会随着时间不断变化的。由于环境动态性的影响，社会资本会随着时间不断增长。一些关于社会资本的研究主要描述了社会网络扩张的路径依赖性，他们认为企业的先备网络关系会影响之后的网络联系（Gulati，2007；Zaheer & Soda，2009）。一些文献指出，企业会通过扩大社会网络的深度和广度，从而达到扩大社会资本的目的，从而降低环境的不确定性（Ozcan & Eisenhardt，2009）。

同时，由于环境的动态性，社会资本也会不断地贬值。根据 Burt 的研

究，网络联系的价值和强度也会随着时间而逐渐减少（Soda et al.，2004）。社会资本的贬值主要有两个原因：联系衰退（Tie Decay）和联系废弃（Tie Obsolescence）。联系衰退是指在一些网络关系中，最初的网络联系随着时间的变化而逐渐变弱和消失；联系废弃是指原有的网络联系由于不再使用而失去价值（Burt，2002）。然而，很少有研究聚焦于社会资本贬值的特性。

　　联系衰退是重复的交互过程的逆转，而重复的交互对于信任关系的建立是至关重要的（Ring & Van de Ven，1994）；联系废弃是指当网络联系依赖于环境背景，网络关系不再使用的情况（Jack，2005）。随着环境的变化，一些网络联系变得不再那么有影响力。由于社会资本是通过参与者的执行、协商以及冲突解决等活动形成的，当参与者离开所在关系网络，其网络联系也会随之废弃。环境的动态性对社会资本的动态影响模型如图 3.6 所示。

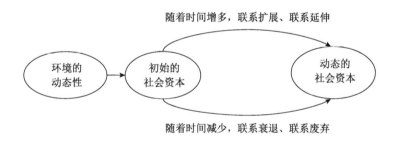

图 3.6　环境动态性对社会资本的影响

　　因此，不仅要关注社会资本的流动性，同时也要将社会资本增加和减少的特性考虑进来。最初的社会资本所带来的收益具有时限性，所以初始社会资本的存量并不能有效解释社会资本的变化性。可见，环境的动态性会对社会资本的现状和转化机制存在一定的影响，将生命周期的观点引入现有的对环境动态性的研究中就十分必要，并且可以有效地解释网络联系的衰退和废弃（Dirks et al., 2009）。

第三节　中国跨国公司海外经营战略要素的构成维度

这部分介绍了模型中主要组成部分的构成维度，其中包括海外社会资本的三种类型，即结构型社会资本、关系型社会资本和认知型社会资本；组织学习能力的构成维度，即探索式学习能力和利用式学习能力；以及海外市场创新绩效的构成维度，即突破式创新绩效和利用式创新绩效。

一、海外社会资本的维度

根据 Granovetter（1992）关于结构性嵌入和关系性嵌入的研究，以及战略管理中共同认知思想的框架基础，学者们从不同的构建角度对社会资本进行了分析，如何芳蓉（2003）、Aquino 和 Serva（2005）等。其中，Nahapiet 和 Ghoshal（1998）在研究中提出了社会资本的结构维度、关系维度和认知维度，Adler 和 Kwon（2002）对社会资本的研究进行了扩展，认为社会资本是一种资源交换的机会和能力。在之前研究的基础上，本研究将海外社会资本分为结构型社会资本、关系型社会资本和认知型社会资本三种类型，同时每种社会资本又包含了不同的组成要素。

（一）结构型社会资本

Nahapiet 和 Ghoshal（1998）指出，社会资本的结构维度是指社会网络成员之间关系的整体构成方式，是网络关系的客观组成维度。社会资本的结构维度是指关系网络成员间所有的联系，包括成员间联系的存在或缺失和这些网络间的联系方式（Nahapiet & Ghoshal，1998）。根据 Nahapiet 和 Ghoshal 的定义，结构型社会资本是从整个网络关系的角度出发，而不是关系维度中所指的个体之间的联系。

社会资本的结构影响了企业可以通过海外关系网络合作者获得知识的数量和性质（Reagans & McEvily，2003；Rodan & Galunic，2004）。例如，作为关系结构的某一方面，相对于其他网络而言，一些网络关系为企业提供了关于东道国市场的更多信息，这些信息更加完整且可信度更高（Andersen，2006；Musteen et al.，2010；Oviatt & McDougall，2005）。从社会网络的角度来说，网络规模和连接的异质性是企业社会资本结构维度的关键指示物。

由于海外社会资本的特殊性，海外结构型社会资本包含了许多不同的构成要素，其中包括社会互动、网络规模、网络容量、网络配置与稳定性以及网络异质性等。

1. 社会互动

根据结构型社会资本的特性，网络结构可以分为分散和紧密两种形式，结构上的分散程度表明社会网络的相互联系程度，社会互动正是结构型社会资本的具体表现。企业社会资本中社会互动的结构特征从不同程度提高或者抑制了获取有价值的知识资源的能力。社会网络中的社会互动通常构成了知识流动的渠道，从而降低了收集信息所需的时间和成本。社会互动所带来的收益可以通过 Burt（1992）的方法将其概念化为三种表现形式：知识获取的优势、时间的优势和知识运用的优势。

结构型社会资本首先包括了社会互动的子维度，从纵向的角度来讲，社会互动程度指网络成员在某一时间内的互动频率，这是属于关系型社会资本的方面；从横向的角度来说，社会互动程度是指在某一时间节点网络成员之间的接触和互动程度，这才是属于结构型社会资本的方面。

由于社会互动的概念包含了情感因素而不利于清晰地辨别结构型社会资本的特征，可以将其分解为互动强度和交流深度两个子维度进行分析。如果少数网络成员间的互动强度较高或交流程度较强，这会有利于对具有较高嵌入性的隐性知识的共享，在实现隐性知识存量增加的同时也为创造新的隐性知识奠定了基础。同时，这也有利于实现隐性知识的显性化，并在此基础上创造出新的显性知识。

一些研究从实证角度支持了社会互动会通过培养集中的、密切的知识交换从而促进企业学习的观点（姜秀珍 等，2011），也有学者指出社会互动对于企业创新形成和扩散非常重要。社会互动和知识获取的正向联系与企业的学习理论相一致，尤其当涉及难以转移的隐性知识时。因此，社会互动促进了企业核心能力的形成，并且通过知识获取成为企业创新的重要影响因素。

2. 网络规模

一些研究聚焦于网络规模的重要性，网络规模反映了组织与其他网络成员间直接联系的数量（Burt，2000）。与其他网络成员间的直接联系越多，组织可以通过网络成员获得的信息就越丰富（Burt，1992）。通过海外市场的国际化网络，企业可以获得关于海外市场广泛的知识。例如，Andersen（2006）在研究中指出，中小企业的社会网络规模会影响一个社会网络感知的信息价值，因为社会网络的规模越大，企业可以获取的信息越多，并能够将其整合在一起。

Oviatt 和 McDougall（2005）在研究中指出，更大规模的网络会提高企业的国际化速度，并且通过实证研究发现网络规模会正向影响首次国际化进入的速度和接下来的经营绩效（Musteen et al.，2010）。因此，社会网络规模越大，企业越易于拥有进入海外市场所需的绝大部分知识，这会降低企业对于海外市场中不确定性的感知，并最终提高国际化的速度和海外市场的经营绩效。

3. 网络容量

社会资本来源于有效的社会网络，之前的研究表明，社会资本的结构维度由社会网络关系的形式和内容两部分构成，这是作为网络成员间无形的联系而存在的。检验社会网络有效性的方式之一就是分析其网络容量（Hoang & Antoncic，2003）。Hite 等人（2007）在研究中指出，网络容量是嵌入企业中，并且流经关系网络的信息和资源的数量。他们的研究将网络容量视为实际的网络关系，促进或抑制了重要信息的转移（Allen et al.，2007）。

然而，网络容量同样包括了非正式的社会网络，这支持了社会网络的效用是取决于网络容量的假设。为了检验社会网络的容量，有必要对组织内的非正式网络进行研究。建议网络是指通过员工搜寻的信息和建议来解决问题的社会交互过程所形成的（Gibbons，2004），Lazega 等人（2006）证明建议网络代表了信息在网络成员间的传播和扩散。一个有效的建议网络可以有助于组织内指导关系的形成，指导关系被定义为具备先进知识和经验的、具有影响力的个体为其他个体提供支持性建议的过程（Hetty，2004）。同时，不仅在组织内形成这种指导关系十分必要，而且在组织间形成这种关系也是十分重要的。

Kang 等人（2003）在研究中提出了网络密度（Network Density）的概念，

用来衡量关系网络中不同成员间进行接触的程度。可见，网络密度和网络容量是可以互换的概念，都描述了结构型社会资本的同一个方面。根据有限理性的假说，社会网络密度越大，即使成员间的关系并不十分密切，网络成员的接触面也会越广，网络成员能从更加丰富的渠道获得更多异质性的知识资源。

4. 网络配置与网络稳定性

网络结构的配置决定了网络成员间联系的形式，网络配置的要素，如层次、密度和连通性通过对网络成员间的联系程度和可获性施加影响，会影响知识交换的弹性和容易度（Krackhardt，1992）。而企业间的网络关系是非层级性的，其连通性并不像跨国公司内部网络那么直接，这种联系需要跨越企业边界才能建立。因此，一些网络成员会跨越网络中的结构洞，从而享有信息的优势（Burt，1992）。企业之间的连通性还可以通过个体间非正式的联系建立起来。

网络稳定性被定义为社会网络中成员的变化程度。一个高度不稳定的网络可能会限制社会资本的产生和发展，因为随着某一成员离开该网络，相应的网络联系就会消失。对于跨国公司来说，由于海外市场中企业间的网络存在较高的不稳定性，网络稳定性对于企业间的关系来说就变得十分重要（Yan & Zeng，1999）。

5. 网络异质性

网络异质性定义为网络联系的多样性（Rodan & Galunic，2004；Larraneta et al.，2012）。网络联系的异质性越高，企业可以获得的关于海外市场信息的多样性就越高（Reagans & McEvily，2003）。例如，与投资者的网络关系可以提供关于海外目标市场资本可获得性的信息，与成立已久的企业间的联系可以提供关于分销渠道的信息，与律师事务所之间的联系可以提供关于东道国法律规范方面的信息。

异质性的信息还有助于国际化中复杂任务目标的达成和实现（Rodan & Galunic，2004），例如针对海外顾客的定制化的产品和服务、针对东道国市场文化的营销项目设计等，这些都有利于消除企业对于海外市场不确定性的感知。网络连接的多样性程度越高，企业对于关系网络感知的信息价值就会越高（Andersen，2006），从而通过海外社会资本获得知识，向创新的转化速度就越快。

（二）关系型社会资本

关系型社会资本是指具有与网络成员特定的网络关系特征相关的社会资本，如信任、友谊和尊重等（Nahapiet & Ghoshal，1998）。关系型社会资本主要包括与其他网络成员间联系的强度和联系的频率两个方面，从社会网络的角度出发，网络联系的强度与网络联系的频率是跨国公司关系型社会资本的重要体现。关系型社会资本从不同方面影响了与海外网络成员间的信息交流（Reagans & McEvily，2003；Hansen et al.，2005），例如：在相互关系的基础上，一些网络联系能更有效率地提供隐性知识和信息的交流（Reagans & McEvily，2003）。

Jensen（2003）认为，现有的关于国际化战略的研究大都基于产业结构和经济属性的视角，大都忽视了社会网络的关系特征，这些研究更多地聚焦于网络关系的公共属性和不可转移的特性。Jensen 在研究中发现，已有的企业间的网络关系和网络地位可以为企业进入新市场提供一定的条件，这是对于企业社会资本研究的一大突破。Prashantham（2004）通过对印度班加罗尔软件企业的研究发现，企业在当地的网络关系资源可以通过企业的产品、声誉以及网络结构等因素影响其国际化程度。关系型社会资本主要包括联系的强度、联系的频率、信任关系和社会交往等几个维度。

1. 联系的强度

在对社会资本关系维度的研究中，有研究表明从社会网络中获得的信息和资源依赖于社会网络成员间联系的强度（Levin & Cross，2004），联系强度可以被定义为社会网络成员的接近程度。由于双方的关系数量和质量、文化支持机制和网络结构的影响，社会资本被认为是社会关系的产出（Adler & Kwon，2002）。有研究表明，网络联系可以支持合作的思考方式和对于知识的分享（Dooley & O'Sullivan，2007；Fliaster & Spiess，2008），这种合作关系在开发可以有效解决问题的社会网络的过程中，扮演了重要的角色。

Granovetter（1973）指出，有四种决定联系强度的因素：时间的长短、情感的强烈程度、亲密程度和互惠互利的服务。具有强联系的网络意味着网络成员间形成紧密的关系，这有利于问题的解决；而具有弱联系的网络为网络成员提供了获得多样化的观点和新思想的机会（Levin & Cross，2004）。强联系更有利于隐性知识的转移，而弱联系有助于显性知识的转移和信息搜寻（Uzzi & Lancaster，2003）。当环境需要更高水平的利用式活动的时候，强联系对于绩效来说更有利；当环境需要更高水平的探索性活动的时候，弱联系对于绩效来说更有利（Rowley et al.，2000）。

强联系意味着合作伙伴更愿意提供关于海外市场准确和完整的信息。因此，强联系比弱联系更易于获得关于海外市场实际行动的信息。而且，强联系能够更加有效地转移隐性知识（Hansen et al.，2005），尤其是对基于个体、基于经验和基于环境的知识，以及需要面对面交流的知识进行有效的转移（Reagans & McEvily，2003）。为了降低跨国公司在海外市场的不确定性，对于国际化网络成员的强联系可以有助于获取关于在海外市场的隐性知识。

对于跨国公司来说，强联系会驱动和引导企业的国际化（Harris & Wheeler，

2005），提供重要的战略资源（Sasi & Arenius，2008），并且有利于在海外市场建立和发展新的关系（Freeman et al.，2006）。相比之下，弱联系对于海外市场的信息获取也是同样重要的（Loane & Bell，2006；Presutti et al.，2007），并且有助于企业认识到国际化的机会（Chandra et al.，2009），与海外市场的进入速度存在联系（Oviatt & McDougall，2005）。

Weick（1976）使用"松散耦合"的概念来表示那些与其他企业不存在强联系的个体，它们会受到关系网络更少的限制和约束。企业确立并保持与非冗余个体间的弱联系而不是将其大部分时间和资源用于建立和维持强联系，企业可以接触到更加多样化的信息和知识。当企业局限于它们目前所在的关系网络，过度形成强联系时，就会造成结构维度中的功能失调，从而会抑制产生新联系的可能性。特别是在外部环境发生变化时，这种网络关系会对企业产生不利的影响，因为它们可能并不拥有在新的环境中竞争所需的知识和能力。

2. 联系的频率

一些学者将交流频率作为联系强度的指示物（Granovetter，1973），但是联系的强度是随着时间不断变化的，而且并不直接依靠现有的联系（Burt，2005）。因此，有必要对联系的频率和联系的强度加以区分，并且将与网络成员的联系频率作为关系型社会资本的一个单独的决定因素加以分析（McDonald & Westphal，2003），因为与他人频繁的交流会发展出与这种关系相关的语言，从而能更有效地进行知识和信息的交换（Uzzi，1997）。

与海外关系网络频繁的交流对于跨国公司来说是尤为重要的，因为文化和交流方式的差异会阻碍双方信息交流的速度和效率（Musteen et al.，2010）。与海外关系网络频繁的交流会促进知识的传递，使跨国公司最大限度地利用网络关系的优势。研究表明，与海外网络成员的交互频率会降低企业海外市场进入的不确定性，并且会提高国际化扩张的速度（Musteen et al.，2010）。因此，随着关系型社会资本的增加，跨国公司更易于在国际市场上开发和利用商业机会。也就是说，在海外市场关系网络中联系的频率越高，越有利于关系型社会资本的开发。

3. 信任关系

关系型社会资本是关系网络人格化的具体表现，包括规范、信任、认同感、义务感等因素。其中，信任关系是网络成员交流互动的保障，这决定了成员之间关系的质量。信任关系在之前的研究中被认为是产生资源交换意愿的关键因素，信任关系在关于社会资本的研究中被广泛应用。因此，在研究中我们将信任作为衡量关系型社会资本的子维度，而将规范、认同感等因素归纳为认知型社会资本。

社会资本的关系维度聚焦于网络成员间直接联系的角色及其相互关系的结果，在这个维度的几个方面中，信任对于企业间的知识转移和知识创造来说至关重要（Doz，1996）。信任在网络成员间的知识共享意愿中扮演了重要的角色，缺乏信任会导致关系网络成员对其身份的困惑（Powell et al.，1996）。不同于公司内部的网络，企业间的信任是基于行为的，合作一方需要通过其行为方式证明其是值得信赖的。信任的氛围会促进成员间知识的自由交流，此时网络成员不用担心在合作关系中机会主义行为的发生。随着信任的不断增强，企业对其知识的保护程度会下降，网络成员间知识转移的机会就会增加。

McCauley 和 Kuhnert（1992）的研究曾经从领导信任和员工信任两个角度，分析组织内部的社会关系，领导信任和员工信任相类似，都会产生直接的资源交换的意愿。也有学者认为关系型社会资本包括顾客信任、员工信任两个方面，根据 Lee 等人（2006）的研究，社会网络关系中企业与价值链下游的顾客间信任的垂直方向的顾客信任，以及企业内部水平方向的员工信任，是信任关系的两个重要方面。企业与外部顾客之间关系的强弱也会影响企业与顾客之间的信任，企业与顾客之间的信任可以促进企业外部网络关系的建立。同样，同事之间的信任也会对同事之间的关系产生影响。

企业或个体员工所拥有的知识，特别是隐性知识，决定了企业在国际化网络中的地位。如果隐性知识在网络成员间得到分享，或是隐性知识转化为显性知识从而被成员广泛利用，这会导致知识领先者竞争优势的丧失。因此，网络成员间信任关系的培养就变得十分重要。如果成员间的信任程度较高，则网络成员就更愿意着眼于长远利益，而不会只考虑眼前的得失，从而促进隐性知识的显性化，这更加有利于关系网络参与者之间的交流和学习，提高组织学习的效率。然而，在缺乏信任的网络关系中，网络成员的隐性知识得不到分享，隐性知识的显性化更是难以实现。

4. 社会交往

社会资本的关系维度是指通过分析关系的影响因素，对社会资本进行开发。社会交往是发展有效的社会联系和社会网络所必需的社会技巧、能力或智力因素（Lizardo，2006）。Nie（2001）在研究中表明，每个员工都具有不同程度的社交性，因此一些员工可能比其他员工能够更好地发展网络关系和建立网络联系。具有较高水平社交能力的员工不仅仅在形成友谊关系和建立网络联系中具有优势，同时能够更有效地在一段时间内维持这种关系（Ferris et al.，2001）。

之前的研究将社会交往作为能有效预测、理解和控制社会交互的能力。Ferris 等人（2001）研究表明，具有较高水平社会技能的员工更易于与其他人进行合作。此外，社会技能包括在谈话中善于表达的能力，并能很好地认识到不同的地位、角色和规范（Riggio & Reichard，2008）。社会能力是指在社会技能的基础上，彼此进行有效交互的能力，这是在组织能为有效的社会交互提供必要的资源支持的前提下实现的（Totterdell et al., 2008）。

组织可以通过在政策、工作描述和组织蓝图中界定正式的关系，对社会网络的形成和发展进行支持（Allen et al., 2007）。正式的关系为员工提供了接触的机会，这同样有助于非正式关系网络的形成。因此，组织应当提供恰当的组织结构和交流工具，这对于保证员工适当的社会交往，以及问题的解决和创新都是十分必要的。

（三）认知型社会资本

认知型社会资本是指不同成员间共同的理解、表达等因素，如语言、行为等，Uppsala 过程模型将此描述为心理距离，即母国与东道国市场在语言、文化、政治体系等方面的相似性。认知型社会资本包括了关系网络成员对行为意图共同的理解和表现（Nahapiet & Ghoshal, 1998），构成了网络成员间信息和经验共享的先决条件，这也是吸收能力的一种具体体现（Nahapiet & Ghoshal, 1998）。关于认知型社会资本，本研究归纳出影响资源交换认知能力的子维度，具体包括共同语言、共同愿景以及共同目标和共同文化。

1. 共同语言和共同愿景

共同语言的概念用来衡量关系网络成员在国际化知识方面的相似性，即关系网络成员之间是否具有共同的知识基础，是否具有重叠的知识。Nahapiet 和Ghoshal（1998）在研究中表明，拥有共同语言会提高人们接近其他社会主体和获取信息的能力，如果他们不具备共同的语言，则这种获取信息的机会和能力就会受到限制。企业与其合作者可能具有不同的行业背景，有效沟通是双方合作的基础，而共同的语言正是有效沟通的决定条件。Aquino 和 Serva（2005）

在研究中提出共同知识的概念，在有些研究中，学者们用共同语言的概念代替了共同知识的概念来衡量个体在知识方面的共性。

Tsai 和 Ghoshal（1998）在研究中使用共同愿景的概念来衡量社会资本的认知维度，拥有共同愿景的社会成员对组织的系统知识有共同的认知，比较容易达成共识，对知识有整体的把握。共同愿景的概念一般用来描述网络成员间心理距离的相似性，如果关系网络成员具有共同的愿景，那么他们就能更加容易地使海外隐性知识向价值转化。

共同语言和共同愿景分别从微观层面和宏观层面构成了海外认知型社会资本，具有共同语言和共同愿景的跨国公司会提高知识跨国转移的速度和学习的效率。共同语言和共同愿景两个子维度也是知识创新的重要影响因素，因为知识创新不仅需要较快的知识交换与知识获取，也需要学习和吸收外部知识的能力。

Cohen 和 Levinthal（1990）认为，吸收能力是建立在知识积累的基础上的，网络成员具有较为广泛的知识基础会有助于获得更加丰富的知识。如果网络成员之间知识基础存在重合，也就是说存在共同的语言，这将有利于隐性知识的共享，也有利于隐性知识的显性化。当网络成员拥有共同的愿景，他们同样更倾向于将自己隐性的知识显性化，从而更有利于知识在成员间进行分享，进而实现创新。

2. 共同目标和共同文化

认知型社会资本代表了共同的意图和有助于网络成员间理解的资源（Nahapiet & Ghoshal，1998），网络成员间的共同目标和共同文化是认知型社会资本重要的两个方面。共同目标是指网络成员对完成任务和结果的共同理解，不同类型的网络，其任务和结果会存在较大的差异。跨国公司网络成员通常会向着彼此设定的共同目标努力，尽管他们会根据跨国公司母公司的总体目标设立一致的目标。进行合作的不同企业之间经常会有不同的目标，它们彼此之间的协商有助于设定能被彼此接受的目标。在一些情况下，共同目标会对彼此的行为产生过分的预期，这经常会导致机会主义行为的发生，这会阻碍网络成员在企业外部进行创新的意愿。

合作促使网络成员发展有助于知识转移的文化，同时开发出相应的网络联系用于问题的解决。共同文化是指网络关系中的行为规范，这与联系模式相类似，即指导网络关系中行为的制度规范和模式。尽管这一般会在正式的网络联系中体现出来，但大多数情况下共同文化仅仅是对相互关系的一种理解（Gulati et al., 2000）。跨国公司内部网络成员会在一个共同的公司文化中进行合作，并且奉行由公司总部制定的企业文化。而进行合作的不同企业之间具有不同的文化，这种合作关系通常是在合作双方的文化折中的基础上建立起来的，如果合作中的某一方固执地推行自身的做事方式，文化冲突就会发生。

二、组织学习能力的维度

动态能力作为建立合作伙伴关系或网络联系所培养的能力，彻底改变着业务流程和商业模型。在最近的研究中，一些学者对动态能力进行了分类（Ambrosini & Bowman, 2009；Lisboa et al., 2011）。March（1991）对探索能力（Exploratory Capabilities）和利用能力（Exploitative Capabilities）进行了区分，并且指出探索能力是指对新的选择的搜寻和应用。因此，探索式行为是指在产品开发过程中对全新的知识和技能的搜寻和利用，而利用式行为是指在产品开发过程中对现有知识和技能的利用（Zhou & Wu, 2010）。可见，探索式学习能力和利用式学习能力构成了组织学习能力的两个主要的子维度。

（一）探索式学习能力与利用式学习能力

组织学习是指通过有助于行为改变的知识开发和利用，所带来的绩效的提高（Slater & Narver，1995）。可见，组织学习是企业实现战略更新的重要手段。组织学习理论为组织知识的创造过程及相关能力构建的研究提供了良好的理论基础，理论界普遍认为组织学习通过学习能力可以创造新的知识或是对现有的知识进行提升（Schulz，2001）。

在组织学习领域有两种能力受到广泛的关注，并且为组织学习的研究提供了理论基础。第一种能力是探索能力，March（1991）在研究中将其主要特征归纳为搜寻、变化、风险承担、试验、弹性、发现和创新；第二种能力是利用能力，March（1991）将其主要特征定义为改良、选择、生产、效率、实施和执行。之前的研究一般是建立在 March（1991）研究的基础上，认为组织会同时追求探索和利用两种能力。

有学者在组织间的环境下研究探索和利用之间的关系（Lavie & Rosenkopf，2006）。Miller 等人在研究中指出，在 March 最初的探索—利用模型中，加入学习和隐性的知识，可以对 March 的研究进行扩展和延伸。他们认为，隐性知识只有通过个体之间的知识共享才能实现，而不能直接在组织间进行传播，因此将研究重点聚焦在个体学习的层面。可见，探索式学习能力和利用式学习能力是两种重要的组织学习能力，尽管在程度和种类上存在差异。

探索式学习能力和利用式学习能力被认为是两种常见的学习能力，探索能力更倾向于获得新的知识，是指对于新产品、新想法、新市场和新关系的搜寻；利用能力更倾向于对现有知识的利用以及对现有知识的提炼和改善，具体包括适应、效率和执行等方面（March，1991）。探索能力和利用能力有时会对相同的企业资源进行竞争。通过探索具有潜在价值的机会，企业会减少对于现有能力的提升（Levinthal & March，1993）。同时，如果聚焦于对现有的产品和流程的利用，企业会减少对于新机会的开发。

然而，企业必须同时开发探索式学习能力和利用式学习能力，因为通过探索式学习所获得的回报是不确定的，经常是负面的，而且需要较长的时间才能实现；而利用式学习会带来更加正向，时间上更短，并且可预测的回报（Ozsomer & Gencturk，2003）。产品和服务的创新是组织学习的工具，因此是实现其战略更新的主要手段（Danneels，2002），这就需要企业探索和吸收新的知识，同时对已经学到的知识加以利用。

（二）在海外市场中的两种学习能力

我们将组织学习定义为通过探索能力和利用能力对关于顾客、供应商、竞争者等的新知识的开发或对现有知识的改良。这与组织学习中关于新知识构建和对现有知识改良的研究相一致（Crossan et al.，1999）。组织学习首先是通过跨国公司分支机构员工的学习和领悟而实现的，随着知识在跨国公司及其员工之间的分享和流动，这些知识就成为跨国公司整体所拥有的知识。

探索式学习能力和利用式学习能力描绘了对于组织知识创造产生不同影响的能力因素，它们决定了知识产生的数量和种类。探索式学习能力会产生新的、不稳定的知识，拥有带来较高回报的潜力，但是这种回报同时存在较高的不确定性；利用式学习能力会产生渐进式的知识，并且会带来较为缓和但是较为确定的、即刻的回报（Schulz，2001）。

国际市场中的顾客需求、文化和竞争是动荡的和多样化的，因此组织学习在国际市场上起到了十分重要的作用（Kleinschmidt et al.，2007）。通过探索式学习能力，企业可以开发新的能力，从而通过占据市场有利地位和获得技术领导力而实现更高的绩效（Teece et al., 1997）。利用式学习能力有利于跨国经营扩张风险的降低，在现有的能力基础上搜寻解决方案，利用式学习能力同样可以带来效率和生产率的提高。

在两种学习能力的配置中，跨国公司会根据不同的学习能力预期不同的产出。利用式学习带来的好处可以通过学习曲线效应加以解释，对现有知识的改良和对经验的学习降低了交易成本，加快了决策的制定、实施和控制。然而，利用式学习的特性会降低组织的异变性，从而影响探索式学习能力（Levinthal & March, 1993）。在这种情况下，这会抑制跨国公司的试验和探索式学习。聚焦于探索式能力而忽视利用式能力的跨国公司很可能付出巨大的试验成本而获得很少的收益，为了长期的生存和发展，跨国公司应当对利用式能力的较强路径依赖性和探索式能力的脆弱性和不确定性进行有效协调。

三、创新绩效的维度

在本研究中，我们主要通过突破式创新绩效和渐进式创新绩效两种形式，对中国跨国公司在海外市场的创新绩效进行衡量，以研究不同的组织学习能力和学习能力的匹配战略所带来的创新绩效的差异性。这部分主要介绍了本研究的创新绩效构成维度，以及两种创新绩效子维度间的区别与联系。

（一）针对不同海外市场的创新

随着商业往来的跨国界发展，对于突破式创新和渐进式创新的争论也逐渐展开（Banerjee & Cole，2011）。随着信息技术产业的发展，通信技术迅猛发展，国际贸易也日益增多，对于新技术的开放式创新和渐进式创新的研究也被提上日程（Chesbrough et al.，2006）。对于新兴国家市场来说，通过对本地资源的有效利用，促使产品和服务的创新成为经济增长的原动力，这是通过渐进式的创新得以实现的。

根据近期经济增长的数据来看，"金砖四国"（中国、巴西、印度、俄罗斯）成为世界上发展最快的新兴国家市场，其 GDP 年增长率已经超过 8%。新兴国家市场的经济发展模式和策略与发达国家市场存在很大的差异，往往是通过渐进式的创新缓和所面临的问题和压力。Keller（2008）发现，信息技术对于印度经济增长的贡献并不是在于突破式的创新，而是在于对美国信息技术的扩展和延伸，即是一种渐进式的创新。可见，对于新兴国家市场来说，跨国公司往往会采取渐进式的创新战略；对于发达国家市场来说，可能较为激进的创新战略更加可行，即突破式创新而非渐进式创新。

跨国公司通过其海外分支机构在东道国的知识基础上进行突破式或渐进式的创新，东道国的这些知识是跨国公司在其母国所得不到的（Phene & Almeida，2008）。同时，渐进式创新在创新的传播和市场化方面扮演了重要的角色，有证据表明，突破式创新者并不能像渐进式创新者那样有效地对市场加以调节（Salomo et al.，2007）。最近对于国际化战略的研究逐渐聚焦于国家的制度特征，即社会、政治和法律等方面（Peng et al.，2008）。因此，跨国公司在新兴国家市场的创新战略会被这些制度特征所影响，从而与发达国家市场存在很大不同（Meyer，2004）。

（二）突破式创新绩效和渐进式创新绩效

之前的研究对突破式创新和渐进式创新做出了明确的区分。Marquis（1969）最早在研究中提出了突破式、系统式和渐进式三种创新：突破式创新代表一种新的功能或新的技术；系统式创新与突破式创新相类似，是对现有技术的整合从而创造新的产品或服务；渐进式创新是指对现有功能的提升，从而达到降低成本、提高效率的目的。之后学者们一般将创新分为突破式创新和渐进式创新两种类型，而将系统式创新归结为渐进式创新。

因此，根据创新的结果可以将创新分为两种类型。突破式创新是以现有技术领域的根本性变化为特征，是与企业能力开发相联系的。突破式创新是以满足新的顾客或市场细分需求为目的的探索式创新，这种创新需要新的知识并且与现有的技术能力相背离（Levinthal & March，1993）。相比之下，渐进式创新以现有技术领域微小的改变为特征，建立在企业现有的技术能力基础上（Green et al.，1995）。渐进式创新是以满足现有顾客需求为目的的利用式创新，建立在组织现有知识的基础上。与突破式创新和渐进式创新相对应的是突破式创新绩效和渐进式创新绩效。

从社会资本的角度来说，突破式创新涉及对社会资本新的投入。企业需要经常在不熟悉的市场细分中发展与潜在顾客新的关系，或者在追求突破式创新的过程中使用新的方法对知识和信息进行搜集。相比渐进式创新，突破式创新与更高的不确定性和更加异质性的交易相联系。从另一方面来说，在渐进式创新中对知识的搜集并不需要对新的社会资本进行投入。在渐进式创新中，可以利用现有的、相对标准化的资源以确保对现有产品和服务的提升。交易成本理论表明，渐进式创新更加得益于市场治理结构，即关系网络成员的参与。

可见，突破式创新绩效和渐进式创新绩效从不同角度衡量了跨国公司在海外市场的创新绩效。在本研究中，我们认为不同的组织学习能力会带来不同的创新绩效类型，因此我们在模型中对突破式创新绩效和渐进式创新绩效分别加以讨论，并且在实证研究中对其不同的效果加以检验。

第四节　中国跨国公司海外经营战略要素间的逻辑关系

本节主要根据相关理论研究和概念模型的逻辑思路，讨论变量之间可能存在的关系，并且在此基础上提出研究假设。其中主要包括海外社会资本与组织学习能力的关系，组织学习能力与创新绩效的关系，组织学习能力的匹配战略与创新绩效的关系，以及关于环境动态性调节效应的假设。

一、海外社会资本对组织学习能力的影响

Portes（1998）将社会资本定义为社会成员利用在社会网络中的成员身份获得收益的能力。社会资本通过提供具有不同来源的、持续的信息流，有助于资源的获取。如果缺乏社会资本，企业将不能够在动荡的环境中维持所需的资源和信息流。由于社会资本有利于对资源的管理，因此与动态能力具有密切的联系，社会资本也有助于我们理解企业如何通过动态能力进行资源的整合。

Grant（1996）认为，社会资本是企业间知识整合的关键机制。Nahapiet 和

Ghoshal（1998）的研究同样表明社会资本通过影响企业间知识交换和整合的条件有助于智力资本的开发。企业竞争优势的形成不仅依赖于自身的资源，同时也依赖于与外部组织间的关系。组织间的关系是指企业与外部组织，如顾客、供应商、投资者、政府机构等的关系（Larson，1992；Dyer & Singh，1998）。企业可以在组织间的环境中搜寻学习的机会，如买卖双方的关系、与顾客和供应商的关系以及与其他企业的关系等（Larson，1992；Uzzi，1997）。

随着社会网络的发展，社会资本有助于对创新性知识的学习，网络联系有助于企业间的知识交换。可见，社会资本在企业学习的过程中扮演了重要的角色。之前的研究将组织学习视为知识获取、知识吸收和知识利用的过程（Huber，1991；Argote，1999），组织会学习对于自身有价值的知识。企业在通过社会资本获得新知识的过程中，组织间的关系网络为知识的获取和利用创造了机会和条件（Lane & Lubatkin，1998）。通过与关系网络成员的交互，企业可以获得新的知识，并将新知识与现有的知识进行整合。企业在关系网络中开发越多的社会资本，其越有可能提高自身的组织学习能力并将其转化为竞争优势。

Nahapiet 和 Ghoshal（1998）认为，社会资本有助于知识的获取和利用，这是通过与现有知识资源的交换和整合来实现的，从而为组织学习能力的培养创造条件。社会资本是通过关系网络的特征对组织学习能力施加影响的，而企业的学习能力会涉及企业间彼此互动的形式。由于不同企业的学习能力存在着差异性，企业间的学习效果并不是对等的。

（一）结构型社会资本对组织学习能力的影响

结构型社会资本是网络成员之间关系的整体构成方式，是关系网络的客观构成维度，是其客观特征的具体体现。结构型社会资本可以有利于网络成员间频繁的互动，促使彼此间的了解，从而建立合作伙伴关系。结构型社会资本使网络成员之间的关系更加开放和透明，降低了信息的不对称性，有效地规避了机会主义行为的发生，可以减少冲突并促进企业间的协调与合作。

结构型社会资本还反映了通过外部网络联系获取信息的优势（Adler & Kwon，2002）。外部网络联系可以缓冲海外市场中广泛存在的不确定性和商业风险，关系资源可以为企业提供信息的优势，从而促进创新和企业绩效的提高（Peng & Luo，2000）。有学者对行业内部联系和行业外部联系所带来的信息优势和风险进行了分析，在同一个行业内的企业会面对相似的机会和威胁，并通过熟悉的方式加以应对，从而促进利用式学习能力的提升。相比之下，行业外的联系可以使企业接触到新的知识和想法，使企业接触到更加广泛的非冗余的信息，从而有利于探索式学习能力的提高。

Adler 和 Kwon（2002）从社会互动的角度对结构型社会资本所带来的收益进行了分析，认为社会互动中的权力因素可以保证网络成员目标的达成。同时，权利因素在海外市场中也会产生重要的影响。一些学者指出，权利会限制学习的效果（Edmondson，2002）；也有学者发现，权利可以对利用式学习产生促进作用，但是由于权利与感知风险密切相关，权利会限制探索式学习的发生（Fiol，1994）。对于结构型社会资本而言，跨国公司与东道国的网络成员间联系越密切，关系渠道越顺畅，网络成员间知识共享的意愿就会越高，从而促进跨国公司组织学习能力的提高。

同时，跨国公司与海外网络成员间联系的密度也有利于促进知识的溢出，有利于跨国公司对于知识创造和利用的能力。关系网络的稳定性是网络成员间建立联系的基础，有利于成员间长期关系的建立。组织学习依赖于成员间的知识积累，若网络关系不稳定，这种知识积累的程度也会降低，从而会影响组织学习能力的提高。此外，网络成员间知识共享的意愿是通过长期的网络关系所形成的，缺乏稳定性的网络会阻碍网络成员组织学习的效果，影响组织学习能力的提高。

可见，海外结构型社会资本不仅会提高跨国公司的探索式学习能力，同时也有利于利用式学习能力的提升。

（二）关系型社会资本对组织学习能力的影响

关系型社会资本是指具有社会成员特定的网络关系相关特征的社会资本，如信任、友谊和尊重等（Nahapiet & Ghoshal，1998），强调网络关系中个体之间的联系，侧重于社会资本的主观方面。关系型社会资本将信任关系作为从社会关系中获取的关键性资源，因为信任关系反映了网络关系的质量（Tsai & Ghoshal，1998）。互惠互利的合作关系是企业获得较高绩效的前提条件，这依赖于共同的价值观和长期的交往。可见，关系型社会资本并不是在企业中自发形成的，而是在彼此信任和共同认知的基础上，通过互惠互利的关系而建立。

跨国公司在海外东道国市场的关系型社会资本同样有利于知识的获取。一方面，关系型社会资本强化了关系网络成员间知识共享的意愿，这是通过信任关系的建立实现的（Doz，1996）。对于网络学习而言，信任关系的建立可以避免机会主义的发生，使得双方的开放度更高，从而有利于跨国公司学习效果的提升（Doz & Hamel，1998）。另一方面，关系型社会资本降低了知识的因果模糊性，这有利于隐性知识的转移，这也是以双方的信任关系为前提的（Kogut & Zander，1992）。

此外，跨国公司在海外市场的组织学习，必须首先明确学习的对象和学习的目标，跨国公司与东道国的网络成员间的信任程度决定了彼此学习的意愿，并且通过知识溢出的形式，提高了网络成员的组织学习能力。跨国公司与东道国市场的网络成员间的信任关系还决定了双方对专用性资产的投入，降低了机会主义发生的概率，从而降低了成员间的合作成本，共同对现有的产品和服务进行改进，并且最终提高对知识的利用效果。

信任也有助于关系成员开发出创新性的替代产品，这可以降低成员间对立观点的压力，从而有助于新知识的获取和分享（Ford & Gioia，2000）。因此，关系型社会资本所带来的主要好处就是提供一种信任的环境，使关系成员觉得安全并且可以容忍错误的发生，从而使成员敢于进行探索式的学习，从而有助于探索式学习能力的提升。同时，信任关系可以增加网络成员间的互动和亲密度，从而提高它们识别和有效利用现有知识的能力（Adler & Kwon，2002），信任关系可以促进对现有资源的有效交换和整合。可见，信任关系可以促进利用式学习的形成，有助于利用式学习能力的提高。

总之，海外关系型社会资本不仅可以提高跨国公司的探索式学习能力，同时也有利于利用式学习能力的提升。

（三）认知型社会资本对组织学习能力的影响

认知型社会资本是指关系网络成员对行为意图共同的理解和表现（Nahapiet & Ghoshal，1998）。认知型社会资本有助于网络成员避免因目标不一致产生的分歧，有助于关系的建立。共同的目标、共同的文化、共同的价值观以及共同的愿景会使得网络成员彼此更加认同，推动良好的合作伙伴关系的建立，促进成员对问题的共同理解（Nahapiet & Ghoshal，1998）。

对于认知型社会资本而言，跨国公司与东道国市场网络成员间共同目标和共同文化的建立是十分关键的。共同目标是通过双方的观点、立场、信念等对于外部环境的认知所形成的，这建立在社会交互过程中形成的成员间的语言和价值观的基础之上。共同的价值观会影响网络成员对于对方行为模式的理解，以及相应的洞察力，可以降低知识的因果模糊性，促进成员间的知识共享和知识创造，有利于跨国公司在东道国市场的知识获取。跨国公司与东道国市场的网络成员间存在的共同目标、语言和文化，有利于对知识的理解和利用，从而会影响将知识资源应用于创新的效果。

可见，认知型社会资本带来的最主要的好处是使成员彼此团结，使个人的需求服从关系网络的整体目标，同时也会带来战略的一致性，使网络成员对战略目标和任务流程有共同的理解。认知型社会资本会鼓励更多的互动，使成员彼此相联系并加深彼此的亲密程度。认知型社会资本可以消除成员间的误解，使网络成员公开讨论存在的问题，促进彼此间的交流（Tsai & Ghoshal，1998）。

认知型社会资本聚焦于集体目标的实现和团结协作，而不是个人的成就。通过聚焦于团队合作和共同目标，认知型社会资本有助于知识的交换和整合，从而有助于网络成员整合多样性的想法和观点，这保证了组织学习过程的效率。同时，战略一致性也保证了对于关系成员的共同理解和对彼此行为的可预见性。这种降低了不确定性和因果模糊性的行为提高了新产品开发过程的效率（Iaquinto & Fredrickson，1997）。基于这些讨论，我们认为认知型社会资本所带来的团结和战略一致性保证了对于现有技术和市场更好地理解，进而提高了利用式学习能力。

尽管认知型社会资本有助于利用式学习能力的提升，但是团结协作和战略的一致性会抑制在创新过程中成员间的质疑和挑战，这不利于对独特性知识的开发。认知型社会资本带来的互动和亲密度的提高，会产生较强的社会联系，这会导致集体思维的产生，从而会阻碍创新性想法的提出和对问题提出新的见解。可见，认知型社会资本会对探索式学习能力产生抑制作用。

总之，认知型社会资本有利于利用式学习能力的提升，但是会对探索式学习能力起到抑制作用。

二、组织学习能力对创新绩效的影响

根据 March（1991）的研究，探索能力和利用能力对于组织来说，都是十分关键的能力因素，这两种学习能力会争夺组织稀缺的资源。尽管有研究将组织学习能力等同于创新性的探索式学习能力，但是利用式学习能力同样会通过已经学习到的知识为组织带来创新的产出（Crossan et al.，1999）。因此，探索式学习能力和利用式学习能力对于提高组织的创新绩效来说都是十分重要的。

（一）组织学习能力对创新绩效的直接效应

对于充满变化和动荡性的海外市场来说，通过开发新的技术能力进行创新是极其重要的（Teece et al.，1997）。跨国公司在海外市场会面临持续的市场和环境的不确定性，如果不能及时对动荡的外部环境做出反应，跨国公司的创新绩效会受到损害。由于环境的改变是持续的，动态能力并不是根植于组织流程，而是同时来源于探索和利用两种学习方式（Sutcliffe et al.，2000）。由于利用式学习能力的提高有助于企业在短期内的生存，而探索式学习能力的提升有助于企业长期绩效的提高，跨国公司必须对探索式学习和利用式学习进行协调。

由于创新绩效的复杂性，不能将其一概而论，而有必要根据创新的特性对其进行分类。尽管在产品开发和生产环节通过密切的协作，可以对现有的能力实现渐进式的扩展和提高，组织惯性也会使跨国公司对突破式的改变反应更加迟缓。但是跨国公司必须能够打破现有的规则和传统，通过突破式的创新满足新顾客的细分的需求。可见，跨国公司会同时追求突破式创新绩效和渐进式创新绩效。

之前的研究发现，探索式学习和利用式学习会对突破式创新和渐进式创新产生相反的效果。利用式学习经常会带来渐进式的创新，其主要目标是对现有产品和服务进行改进，以及对产品线进行扩展和延伸，从而满足现有顾客的需要（Atuahene-Gima，2005；Baker & Sinkula，2007）。为了实现渐进式的创新，企业会对现有的技术加以利用（Chandy & Tellis，1998）。由于利用式创新是对现有知识的利用和对现存机会的投入，对于现有市场需求的深入理解就变得更为重要。可见，渐进式的创新是与企业的利用式学习能力密切相关的。

March（1991）指出，利用现有的资源可以提高渐进式创新的效率和效果，因为这可以对现有的经验进行识别和整合。但是对现有资源的利用会阻碍突破式创新，这是因为企业不能将有限的资源同时运用于创新性的想法和方案。与利用式学习相反，探索式学习聚焦于对新技术和新市场的试验，对想法和方案进行开发以带来突破式而非渐进式的创新。企业必须构建探索式学习能力，因为利用式学习能力已经不足以满足企业的预期（Huff et al.，1992），企业会进行更加突破式的创新来满足未来顾客的需求（Chandy & Tellis，1998）。

可见，探索式学习能力会促进跨国公司在海外市场突破式创新绩效的提升，但是会抑制渐进式创新；而利用式学习能力会阻碍跨国公司在海外市场的突破式创新，促进渐进式创新绩效的提高。

（二）组织学习能力的中介效应

根据 Bourdieu（1986）的观点，社会资本可以通过相互熟悉和认可的关系网络维持一种优势地位。社会资本被网络成员所共有，网络成员可以享有非成员不能获得的好处，并享有其中的权利和地位。成员间的互惠互利有利于形成凝聚力，有助于更加便利地获取资源和形成商业契约（Gabbay，1997）。在组织层面，社会资本通过使知识流动更加顺畅从而有助于组织的创新（Ahuja，2000）。可见，社会资本通过组织层面能力的培养形成实际的创新产出。

组织学习是社会资本转化为创新绩效的重要途径，跨国公司通过组织学习能力的培养可以有效应对海外市场中的不确定性。在跨国公司外部，知识创造存在于一个外部的开放系统之中，跨国公司需要不断地与外部环境进行知识的交换，从而可以有效提高知识的吸收转化能力（Daghfous，2004）。跨国公司通过组织学习能力的培养，对海外市场中的社会资本加以利用，将海外社会资本中所蕴含的知识转移到跨国公司内部，并与自身的知识基础相结合，最终转化为实际的创新绩效，从而形成竞争优势。

可见，组织学习能力是海外社会资本与创新绩效的中介。由于探索式学习能力与突破式创新绩效相对应，而利用式学习能力与渐进式创新绩效相对应，因此探索式学习能力构成了海外社会资本与突破式创新绩效的中介，而利用式学习能力就成为海外社会资本与渐进式创新绩效的中介。

三、组织学习能力的匹配战略对创新绩效的影响

进行探索式学习的企业会承担试验的成本，而不一定能收获其带来的好处，而采用利用式学习的企业会发现它们处于一个次优的均衡之中。探索式学习和利用式学习代表着两种存在根本性差异的学习方式。有学者认为效率提高和成本降低之间存在着不确定性，从而质疑组织是否能够同时追求探索式学习和利用式学习。尽管两种学习对于组织的生存都是重要的，但是探索和利用在组织流程中是相互矛盾的（Adler et al.，1999）。

有研究认为探索和利用是可以同时存在的，并且彼此存在交互效应。Baum等人（2000）指出，通过自身经验进行的组织学习构成了利用式学习，利用其他组织的经验进行的组织学习构成了探索式学习，两种学习方式都不存在资源的限制。外部资源的可获性极大地缓解了组织内部资源稀缺性的限制。Katila和Ahuja（2002）将探索和利用进行概念化，并且指出这两种行为不会受资源稀缺性的限制，并且与March（1991）的研究相一致，他们通过实证检验证实了探索和利用的交互会对创新产生正向影响；Beckman等人（2004）在对组织间关系的研究中，将开发新的合作伙伴关系视为探索式行为，将对现有合作伙伴的扩展视为利用式行为，考虑到企业间的关系不存在资源的限制，因此认为探索和利用是可以交互的概念。

为了长期的生存和发展，跨国公司需要对探索式学习能力和利用式学习能力进行培养和利用，并在二者之间实现健康的平衡，跨国公司长期的成功取决于将探索式学习能力和利用式学习能力维持在一个合理水平。以牺牲探索式学习能力为代价提高利用式学习能力会对跨国公司的长期绩效产生影响，尤其在动荡的市场环境下更是如此，反之亦然。Nerkar（2003）不仅对探索和

利用的主效应进行了检验，同时也检验了在知识搜寻过程中探索和利用的交互效应，并指出探索式学习和利用式学习的平衡意味着较高的探索式学习与较低的利用式学习进行搭配，而较低的探索式学习与较高的利用式学习搭配会提高绩效水平。

实现探索式学习能力和利用式学习能力之间的平衡是企业创新过程中效率提升的决定性因素。一般来说，拥有较高的探索式学习能力和利用式学习能力的企业会拥有较高的创新绩效水平。这种平衡表明，探索式学习和利用式学习的交互会正向影响企业的创新产出（Katila & Ahuja，2002；Shane，2000）。之前有研究表明探索式和利用式创新的交互会正向影响企业的销售增长率，而探索式和利用式创新之间的失调会负向影响销售增长率（He & Wong，2004）。也有学者认为这两种学习能力之间的均衡忽视了 March（1991）所指出的其固有的限制和潜在递减的回报，这表明两种学习能力的交互会对创新绩效产生负向影响。

可见，跨国公司可以同时进行探索式学习和利用式学习，并且培养两种学习能力。但是，两种学习能力的交互对绩效的影响是存在差异的，因此有必要对两种学习能力的交互进行更进一步的细分。跨国公司可以根据探索式学习能力和利用式学习能力的高低，形成两种学习能力的四种匹配战略，即高探索式—高利用、高探索—低利用、低探索—高利用和低探索—低利用。

在高探索—高利用式的学习能力匹配战略中，探索式学习的效应往往会比利用式学习更强，从而会主导创新产出的类型，产生突破式的创新绩效；在高探索—低利用的学习能力匹配战略中，探索式学习的效应会更强，而利用式学习能力较弱，从而促使跨国公司产生突破式的创新绩效；在低探索—高利用式的匹配战略中，利用式学习的效应比探索式学习更强，从而促使跨国公司产生渐进式的创新绩效，高探索—低利用和低探索—高利用两种匹配战略对创新绩效的正向影响已经在 Nerkar（2003）的研究中得以验证；在低探索—低利用式的学习能力匹配战略中，利用式学习的效应会比探索式学习更强，从而使跨国公司产生渐进式的创新绩效。

四、环境动态性的影响

对于不断变化的海外市场，跨国公司所面临的最重要的问题是如何有效应对海外市场中的不确定性。进入海外市场时，跨国公司会面临由于对当地文化、风俗习惯和法律不熟悉而产生的不确定性，和其衍生的各种风险（Hymer，1960）。这种不确定性的本质是由跨国公司所拥有的知识与在海外经营所需知识之间的差距决定的（Petersen et al.，2008）。为了在动荡的海外市场环境中获得成功，跨国公司必须降低环境中的不确定性。有大量文献对不确定性进行了研究，大多数关于国际化的模型中都包含了不确定性的方面（Madsen，2005）。

由于海外市场的动荡性，社会资本也会表现出一定的动态性。也就是说，跨国公司在海外市场的社会资本并不是一成不变的，可能会随着时间的推移逐渐增加，也可以随着时间的推移逐渐减少。因此，在研究跨国公司海外社会资本与创新关系的过程中，将环境的动态性考虑进来是十分必要的，环境的动态性会对海外社会资本的利用和转化过程产生重要影响。

动态的环境会促使跨国公司进行更加主动的学习，通过为产品设计的新特征和新优势，探索式学习保证了新产品会包含区别于竞争对手的新元素，从而能在动态的环境中更加满足顾客偏好以获得竞争优势。可见，环境的动态性有利于跨国公司海外社会资本对探索式学习能力的培养。与之相对应，环境的动态性会抑制跨国公司对现有的技术和产品领域资源的利用，从而会阻碍跨国公司对于技术和市场先备知识和经验的利用。可见，环境的动态性会抑制跨国公司海外社会资本对利用式学习能力的提升。

本研究将环境的动态性作为海外社会资本与组织学习能力之间关系的调节变量，认为环境的动态性会对海外社会资本与组织学习能力之间关系的强弱和方向产生影响，以此探究环境的动态性在知识转移和吸收过程中的作用。

第四章 对中国跨国公司海外经营的借鉴意义

本章对全篇论文进行总体的归纳和总结。首先，提炼出本研究的主要结论；其次，归纳本研究的理论启示；最后，提出针对中国跨国公司海外经营的管理建议。

第一节 理论意义

社会资本是通过企业间持续的关系网络所获得的资源集合，为研究企业间的关系创造了条件。海外社会资本有助于解释海外市场中企业间的关系特征，组织学习聚焦于关系网络中知识资源的获取和流动，对于海外社会资本和组织学习的理解有助于解释跨国公司间创新绩效的差异性。本书通过对海外社会资本转化机制的研究，对围绕该主题的研究假设进行实证检验，得出一些研究结论，在以往理论研究的基础上进行了扩展和延伸。

本研究的理论贡献主要体现在将社会资本理论、组织学习理论、创新理论与国际化相结合，弥补了中国跨国公司海外创新实践中的理论缺失。本研究提炼出社会资本理论和组织学习理论的精华，反映了中国跨国公司的特点和战略要求，同时在模型构建中创新性地加入了两种组织学习能力作为中介变量，并且发掘了两种组织学习能力与海外创新绩效间的对应关系，在此基础上形成组织学习能力的四种匹配战略。此外，本研究将环境的动态性考虑在内，将其作为重要的调节变量，将行业因素作为重要的控制变量。

一、系统梳理了社会资本领域的相关文献及研究成果

本研究通过尽可能全面的文献回顾和整理，从社会资本研究的理论基础、概念与内涵、构成维度和作用机制等几个方面，系统全面地阐述了社会资本概念的理论脉络和研究概况。本研究力图弥补之前研究中的不足，具体包括社会资本构成维度的不统一、作用机制研究的不够深化、对海外市场研究的缺失，以及缺乏针对中国跨国公司的样本等问题。在此基础上，本研究从结构型社会资本、关系型社会资本和认知型社会资本三个方面，通过理论研究深入探讨海外社会资本的内涵和构成，归纳了以往研究所采用的研究方法和研究结论等内容。

本研究系统地归纳总结了海外社会资本的重要性和作用机制，并且将海外社会资本与组织学习能力相结合，分别从探索式学习能力和利用式学习能力两个方面探讨海外社会资本对中国跨国公司组织学习能力的影响。此外，本研究分别从突破式创新绩效和渐进式创新绩效的角度，研究海外社会资本对中国跨国公司海外市场创新绩效的作用机制，总结了海外社会资本为中国跨国公司所带来的竞争优势。

二、详细归纳了中国跨国公司海外社会资本的特点及实施现状

在积累和梳理社会资本相关理论的基础上，本研究将社会资本与海外市场的特征相结合，根据中国跨国公司的实际情况搜集和整理了相应的资料，总结归纳出海外市场的特点，以及与之相对应的海外社会资本的特征，从结构型社会资本、关系型社会资本和认知型社会资本三个方面分析了海外社会资本向创新绩效转化的机制。结合中国跨国公司在海外市场的竞争格局，以及中国跨国公司组织学习和创新战略的实施现状，从理论方面回顾了组织学习、创新绩效等方面的研究内容。

值得注意的是，针对中国跨国公司的深度访谈反映了本研究紧密联系实际的特点，通过对具有针对性的跨国公司的个案访谈与座谈会相结合的方式，在半结构化访谈汇总的基础上提炼出中国跨国公司海外社会资本的构成要素、主要维度和作用机制，海外社会资本对探索式学习能力和利用式学习能力的影响，以及组织学习能力及其匹配战略与创新绩效的关系等方面内容，为今后相关领域的研究提供了具有较高参考价值的逻辑线路和研究思路。

三、结合组织学习的概念厘清海外社会资本向创新绩效的转化机制

本研究将社会资本的概念与组织学习理论相结合，创新性地提出了结构型、关系型和认知型三种海外社会资本与探索式和利用式两种学习能力的对应关系，丰富了相关的理论研究，扩展了社会资本理论和组织学习理论的研究范围。本

研究认为海外社会资本可以有助于提高跨国公司的探索式学习能力和利用式学习能力，并且将两种学习能力作为海外社会资本与海外市场创新绩效的中介变量，认为探索式学习能力是海外社会资本与突破式创新绩效的中介，利用式学习能力是海外社会资本与渐进式创新绩效的中介。

本研究一方面验证了海外社会资本与组织学习能力的对应关系，另一方面也验证了探索式学习能力与突破式创新绩效以及利用式学习能力与渐进式创新绩效的对应关系。在此基础上，丰富了海外社会资本转化路径的相关研究，对海外社会资本向创新绩效的转化机制的研究进行了扩展和延伸，从而有助于对组织学习能力有更加科学和全面的认识。

四、创新性地分析了学习能力匹配战略与不同类型创新绩效间的关系

本研究根据中国跨国公司的探索式学习能力和利用式学习能力的特点，认为两种学习能力在企业中并不是相互排斥的，而是可以同时存在的；并且根据两种学习能力的高低，将其进行整合，组成高探索—高利用、高探索—低利用、低探索—高利用和低探索—低利用四种战略，研究跨国公司的学习能力组成的四种匹配战略与突破式创新绩效和渐进式创新绩效间的对应关系。

研究发现，高探索—低利用式的学习能力匹配战略会为跨国公司带来突破式的创新绩效，而低探索—高利用和低探索—低利用式的学习能力匹配战略会为跨国公司带来渐进式的创新绩效。在此基础上，本研究系统分析了跨国公司组织学习能力的发展战略及其与海外市场创新绩效之间的复杂关系，弥补了以

往研究中的缺陷和不足，同时也为中国跨国公司组织学习能力的培养和创新战略的实施提供更具有针对性的理论指导。

第二节　管理启示

本研究探究了中国跨国公司对海外社会资本进行转化和利用的重要性和必要性，认为跨国公司的海外社会资本有助于组织学习能力的提升，从而对跨国公司在海外市场的创新绩效产生影响。本研究不仅解决了中国跨国公司是否能通过海外社会资本获得有价值的知识，以提高在海外市场的创新绩效和竞争地位的问题，还解决了跨国公司在此过程中的路径选择和能力协调配置的问题。

一、海外社会资本是中国跨国公司重要的战略性资源

中国经济发展迅速，尤其是在金融危机的背景下，中国经济快速稳步回升令全世界瞩目。近年来，中国跨国公司海外投资主要集中在三个领域——金融业、重工业和以私企为代表的自由竞争行业。中国跨国公司的海外投资虽然取得了一定的成绩，但是目前其国际化程度还比较低，与世界先进水平相比还存在很大差距，大型中国跨国公司海外资产所占比例还较低。根据 IMF 公布的经常账户对外直接投资收益和投资存量估算，2012 年我国对外直接投资收益率为4.3%，远低于美国和日本的 8.4% 和 6.7%。当前全球经济形势复杂多变，给中国跨国公司的境外投资带来了种种困难，但风险中往往会孕育机会。

正在"走出去"的中国跨国公司，要注重海外投资和经营中的创新，通过

对海外东道国市场社会资本的利用来培养自身的创新实力。除了在海外设立销售网点等较为传统的投资方式以外，还应尝试海外并购等新兴的投资方式，以充分利用海外现有的社会关系网络，从而促进国际化经营水平的提升。从投资领域来看，中国跨国公司的海外投资逐渐从传统的资源开发和加工制造，转向高科技等高附加值的投资领域，更加依赖于对海外社会资本的利用，逐渐融合到全球产业链，从而更好地适应经济全球化的要求。

中国跨国公司在对外投资过程中，要加强与当地企业、市场和政府间的沟通与合作。如何调整中国跨国公司的海外经营战略，树立良好形象，是摆在中国跨国公司面前的重要问题。今后一段时期仍将是中国跨国公司"走出去"的重要机遇期，当前金融危机的影响还未完全消失，各国都在发展实体经济，实现再工业化。在这个过程中，中国跨国公司海外直接投资的机会逐渐增多，中国企业和国外企业在市场、管理和技术等方面的互补性逐渐增强，合作空间逐步扩大。中国跨国公司要充分利用东道国当地市场的社会资本，加强彼此的沟通和合作，从而利用东道国市场的先进经验，培养自身的创新能力，进而形成在东道国市场的竞争优势。

二、中国跨国公司要注重组织学习能力的培养

中国跨国公司的 FDI 不能仅仅考虑规模和速度，更要考虑如何打造富有竞争力的产业链。尽管近些年，中国跨国公司的"走出去"取得了长足进步，国企是目前中国企业境外投资的主力军，而民营企业逐渐成为"走出去"的重要力量；但从全球范围看，其 FDI 还处于比较初级的阶段，大多数"走出去"的跨国公司缺乏在当地的资源获取和整合能力，不能有效地融入当地市场。例如，

随着中国跨国公司的海外并购案例越来越多，有很多并购项目都以失败告终。究其原因，主要是因为中国跨国公司还不能对海外社会资本进行有效利用，缺乏相应的组织学习能力的培养，不能与国外政府和企业形成有效的合作机制。

中国跨国公司要在全球范围内配置整合资源，建立自主的国际化的生产体系，在激烈的全球竞争中脱颖而出，就需要充分利用东道国当地的社会资源，通过自身能力的提升，有效地对海外社会资本中所蕴含的知识进行吸收和转化。组织学习作为跨国公司重要的社会资本转化机制之一，在近年来激烈的海外市场竞争中扮演了重要的角色。海外社会资本有利于跨国公司组织学习能力的提升，同时跨国公司也应该注重自身组织学习能力的培养，在先备知识和能力的基础上，与海外社会资本所蕴含的知识进行有机结合，使组织学习达到一个新的高度，从而能够有效地对海外社会资本进行转化和利用。

由于资源限制的存在，企业提升绩效和竞争力的一个重要前置因素就是当前的资源。然而，对资源利用和转化的能力是决定绩效的一个更加直接的因素。根据企业的资源基础观，可以将跨国公司海外分支机构的市场学习和知识获取作为理解其组织学习的重要方面。组织学习的本质在于对市场变化的学习，以及有助于快速适应性的能力建设（Dickson，1992）。企业持续的竞争优势源自比竞争对手更快的学习速度、更强的学习能力，并且在学习过程中处于领先地位，以便更好地对海外市场进行理解和把握。

中国跨国公司应该认识到自身内部资源的限制，通过外部关系网络获得社会资本；并在此基础上，通过自身学习能力的培养，促进资源的流动，将社会资本中所蕴含的知识转化为创新产出。跨国公司为了使组织学习的效果最大化，需要根据自身的战略目标拓展资源获取途径，同时注重对探索式学习能力和利用式学习能力进行培养，保证学习能力向创新绩效的转化。

虽然探索式和利用式这两种学习能力彼此存在差异，但两者并不相互排斥，而是相互补充的。中国跨国公司还要促进两种学习能力的协调发展，在海外市场根据竞争和创新的实际需要，选择相应的学习能力匹配战略。追求突破式创新绩效的跨国公司可以选择高探索—低利用式的学习能力匹配战略，追求渐进式创新绩效的跨国公司可以选择低探索—高利用或低探索—低利用式的学习能力匹配战略，在此基础上实现资源配置的最优化。

三、中国跨国公司要利用海外市场中的知识进行创新实践

中国跨国公司的境外投资目前仅限于一些低端的环节，而很少涵盖一些有价值和知识含量高的领域，中国企业很难在全球产业链中占据有利地位，从而难以形成国际竞争力。然而在海外市场经营的跨国公司比本土企业拥有更加丰富的知识结构，这反过来也会促进企业知识结构和技术能力的进一步提升。中国跨国公司很难通过容易获取和转让的非战略性资源获得竞争优势，而专利、技术诀窍等战略性知识资源是跨国公司在海外市场创新的基础，在中国跨国公司在海外竞争优势的形成过程中扮演了重要角色。

跨国公司通过知识转移可以在东道国市场获得多样化的知识和信息，可以有效地降低开发成本，也可以更加接近顾客、缩短对东道国市场的反应时间，并且可以对东道国有利的外部环境加以利用。对于在不同国家和地区进行知识获取和转移所带来的好处也可以从宏观层面进行分析，知识是通过一个国家的政治、经济体制内嵌于社会和文化之中的（Porter & Stern，2001）。中国跨国公司通过对来自不同国家、基于关系网络、具有社会嵌入性和多样性的知识进行获取和整合，并且与自身的创新实践相结合，对于形成在国际市场上的竞争优势是至关重要的。

四、中国跨国公司要充分把握海外市场的环境特征

在加入 WTO 的 10 年来，中国逐渐从一个外商直接投资最多的国家，逐步转变为对外直接投资最多的新兴国家市场。数据显示，我国 89% 的对外直接投资分布于收益率高的发展中国家，根据各投资地比重及其平均收益率测算，我国对外直接投资的潜在收益率为 7.8%。中国跨国公司投资欧美等发达国家市场，不仅可以拓展市场领域，更可以学习和获得新的关键性资源，这是中国跨国公司提高自身竞争力的有效途径。同时，随着区域经济一体化进程的加快，东南亚、俄罗斯等新兴国家市场逐步成为中国企业境外投资的主要目标。新兴国家市场正处于工业化的初级阶段，发展潜力巨大，资源相对丰富，因此成为中国跨国公司升级转型、进行梯度产业转移的主要市场。例如，中国跨国公司在海外市场的电信制造、建筑工程等领域具有竞争力，其主要目标市场就是一些新兴国家市场。

Peng（2003）认为，基于关系的战略在转型经济中比市场经济更加盛行。Luk 等人（2008）指出，制度环境被很多因素影响，如文化、地理位置、生活标准、政治体系、技术发展等。在新兴国家市场中，政府机构掌控着大多数的要素资源。这些国家经历着市场的变革，一般很难建立起有效的市场支持制度，这会带来环境的不确定性。新兴国家市场还存在制度缺失的问题，这是由于缺乏市场开放性和缺乏市场支撑制度，以及政府过度参与市场所导致的。而在发达国家市场，市场的竞争主要通过市场机制得以实现，相应的政策和制度只是作为一种补充性的支持，因此环境的不确定性较低。

不同类型的海外社会资本在两种制度环境下对跨国公司学习能力的影响是不同的，社会资本中的主观方面在新兴国家市场中发挥着更大的作用，如信任

关系、文化和价值观等，而社会资本的客观方面在发达国家市场发挥着更大的作用。新兴国家市场的生产性资源的配置相对效率较低，相对发达国家市场来说还不够成熟，企业不能够轻易通过购买的方式获取所需的资源。因此，在新兴国家市场，跨国公司可以通过非正式的网络关系获取所需的资源，基于信任的关系和彼此共同的认知对于跨国公司来说更为重要。

对于发达国家市场来说，政府很少会参与企业的日常运营活动。发达国家市场的金融资本和要素资源相对成熟，跨国公司获得创新所需要的资源要相对容易。因此，在交易过程中，跨国公司会更加依赖于正式的契约，而不是非正式的关系。在发达国家市场的跨国公司比新兴国家市场中的企业更加易于通过创新追求领先的地位，这种追求领先的战略具有更高的不确定性和风险，并且伴随着巨大的成本。此时，以结构型社会资本为代表的社会资本的客观方面就发挥了主导作用。

参考文献

边燕杰，丘海雄，2000. 企业的社会资本及其功效 [J]. 中国社会科学（2）：89-90.

陈晓萍，徐淑英，樊景立，2008. 组织与管理研究的实证方法 [M]. 北京：北京大学出版社 .

杜建华，田晓明，蒋勤峰，2009. 基于动态能力的企业社会资本与创业绩效关系研究 [J]. 中国
   软科学（2）：115-126.

方炜，孙树栋，2007. 新产品研发项目关键成功因素实证研究——基于不同的企业创新战略 [J].
   科研管理，28（5）：102-109.

郭毅，罗家德，2007. 社会资本与管理学 [M]. 上海：华东理工大学出版社 .

何晓群，刘文卿，2001. 应用回归分析 [M]. 北京：中国人民大学出版社 .

侯杰泰，温忠麟，成子娟，2004. 结构方程模型及其应用 [M]. 北京：教育科学出版社 .

黄中伟，王宇露，2008. 位置嵌入、社会资本与海外子公司的东道国网络学习——基于 123
   家跨国公司在华子公司的实证 [J]. 中国工业经济（12）：144-154.

蒋勤峰，田晓明，王重鸣，2008. 企业动态能力测量之实证研究——以 207 家孵化器企业为例 [J].
   科学学研究（2）.

柯江林，等，2007. 企业 R&D 团队之社会资本与团队效能关系的实证研究——以知识分享和
   知识整合为中介变量 [J]. 管理世界（3）：89-101.

柯江林，等，2010. 人力资本、社会资本与心理资本对工作绩效的影响——总效应、效应差
   异及调节因素 [J]. 管理工程学报，24（4）：29-35.

李辉，2015. 知识密集型服务企业技术创新与非技术创新的驱动因素比较研究 [J]. 中央财经大学学报（9）：79-84.

李辉，吴晓云，2015. 顾客获取、顾客保留与服务创新绩效 [J]. 广东财经大学学报（10）：34-45.

李辉，吴晓云，2015. 海外社会资本向创新绩效的转化机制研究——以中国跨国公司为例 [J]. 财贸研究（6）：104-115.

李辉，吴晓云，2015. 基于双元性学习能力的创新绩效转化机制研究——以中国跨国公司为例 [J]. 软科学，29（9）：19-23.

李辉，吴晓云，2015. 文化距离视角下中国跨国公司的全球适应性战略 [J]. 商业研究（9）：108-115.

林筠，刘伟，李随成，2011. 企业社会资本对技术创新能力影响的实证研究 [J]. 科研管理，32（1）：35-44.

刘婷，李瑶，2013. 社会资本对渠道关系绩效影响的实证研究 [J]. 科学学与科学技术管理，34（2）：95-102.

彭灿，杨玲，2009. 技术能力、创新战略与创新绩效的关系研究 [J]. 科研管理，30（2）：26-32.

钱锡红，杨永福，徐万里，2010. 企业网络位置、吸收能力与创新绩效——一个交互效应模型 [J]. 管理世界（5）：118-129.

石军伟,2007. 企业社会资本的功效结构:基于中国上市公司的实证研究 [J]. 中国工业经济（2）.

石军伟，胡立君，付海艳，2007. 企业社会资本的功效结构:基于中国上市公司的实证研究 [J]. 中国工业经济（2）：84-93.

隋敏，2011. 企业社会资本研究述评 [J]. 学术交流（11）：97-100.

王霄，胡军，2005. 社会资本结构与中小企业创新 [J]. 管理世界（7）：12-17.

韦影，2007. 企业社会资本与技术创新：基于吸收能力的实证研究 [J]. 中国工业经济（9）：119-127.

吴明隆，2003. SPSS 统计应用实务 [M]. 北京：科学出版社.

谢洪明，2006. 社会资本对组织创新的影响：中国珠三角地区企业的实证研究及其启示 [J]. 科学学研究，24（1）：150-158.

谢言，高山行，江旭，2010. 外部社会联系能否提升企业自主创新：一项基于知识创造中介效应的实证研究 [J]. 科学学研究，28（5）：777-784.

徐蕾，魏江，石俊娜，2013. 双重社会资本、组织学习与突破式创新关系研究 [J]. 科研管理，34（5）：39-46.

许晓明，宋琳，2008. 基于在位企业视角的破坏性创新战略研究综述及应用模型构建 [J]. 外国经济与管理，30（12）：1-9.

张方华，2006. 企业社会资本与技术创新绩效：概念模型与实证分析 [J]. 研究与发展管理，18（3）：47-53.

张晓峒，2007. 计量经济学基础 [M]. 3 版. 天津：南开大学出版社.

赵增耀，王喜，2007. 产业竞争力、企业技术能力与外资的溢出效应——基于我国汽车产业吸收能力的实证分析 [J]. 管理世界（12）.

周劲波，黄胜，2010. 国际社会资本与企业国际化特征关系研究 [J]. 科研管理，31（1）：46-55.

周小虎，2002. 企业家社会资本及其对企业绩效的作用 [J]. 安徽师范大学学报（人文社会科学版）（1）：2-3.

周小虎，2006. 基于社会资本理论的中小企业国际化战略研究综述 [J]. 外国经济与管理，28（5）：17-22.

AGARWAL A K, COCKBURN I M, MCHALE J, 2006. Gone but not forgotten: knowledge flows, labor mobility, and enduring social relationships [J]. Journal of Economic Geography, 6(5): 571-591.

AHUJA G, 2000. Collaboration networks, structural holes and innovation: a longitudinal study [J]. Administrative Science Quarterly (45): 425-455.

AHUJA G, KATIL A R, 2001. Technological acquisitions and the innovation performance of acquiring firms: a longitudinal study [J]. Strategic Management Journal (22): 197-220.

AHUJA G, KATILA R, 2004. Where do resources com from? The role of idiosyncratic situations [J]. Strategic Management Journal, Auguest-September Special Issue (25): 887-907.

AIKEN L S, WEST S G, 1996. Multiple regression: testing and interpreting interactions [M]. Sage Publications, Newbury Park, CA.

AINUDDIN R A, PAUL W B, JOHN S H, et al., 2007. Resource attributes and firm performance in international joint ventures [J]. Journal of World Business, 42(1): 47-60.

AKCOMAK I S, TER W B, 2009. Social capital, innovation and growth: evidence from Europe [J]. European Economic Review (53): 544-567.

AKCOMAK I S, TER W B, 2008. How do social capital and government support affect innovation and growth? Evidence from the EU regional support programmes [M]. In Nauwelaers C, and Wintjes R.(Eds), Innovation Policy in Europe, 106-136.

ALAM I, 2003. Innovation strategy, process and performance in the commercial banking industry [J]. Journal of Marketing Management (19): 973-999.

ALDER P S, KWON S W, 2002. Social capital: prospects for a new concept [J]. Academy of Management Review, 27(1): 17-40.

ALLEN J, JAMES A, GAMLEN P, 2007. Formal versus informal knowledge networks in R&D: a case study using social network analysis [J]. R&D Management, 37(3): 179-196.

AMBROSINI V, BOWMAN C. What are dynamic capabilities and are they a useful construct in strategic management? [J]. International Journal of Management Reviews, 2009, 11(1): 29-49.

AMBROSINI V, BOWMAN C, COLLIER K, 2009. Dynamic capabilities: an exploration of how firms renew their resource base [J]. British Journal of Management (20): 9-24.

ANDERSON J C, GERBING D W, 1988. Structural equation modeling in practice: a review and recommended two-step approach [J]. Psychological Bulletin (103): 411-423.

ANSERSON U, FORSGREN M, HOLM U, 2002. The strategic impact of external networks: subsidiary performance and competence development in the multinational corporation [J]. Strategic Management Journal, 23(1): 1-21.

ANDREW M C, KLAUS N, 2009. Social capital and the resource-based view of the firm [J]. Studies of Management &Organization, 39(2): 7-32.

APPLEYARD M M, WANG C Y, LIDDLE J, et al., 2008. The innovator's non-dilemma: the case of next generation lithography [J]. Managerial & Decision Economics, 29(5): 407-423.

ARENIUS P, 2005. The psychic distance postulate revised: from market selection to speed of market penetration [J]. Journal of International Entrepreneurship, 3(2): 115-131.

ARGOTE L, BECKMAN S L, EPPLE D, 1990. The persistence and transfer of learning in industrial settings [J]. Management Science (36): 140-154.

ARTZ K W, NORMAN P M, HATFIELD D E, et al., 2010. A longitudinal study of the impact of R&D, patents, and product innovation on firm performance [J]. Journal of Product Innovation Management, 27(5): 725-740.

ASAKAWA K, 2001. Evolving headquarters-subsidiary dynamics in international R&D: the case of Japanese multinationals [J]. R&D Management, 31(1): 1-14.

ATUAHENE-GIMA K, 1995. An exploratory analysis of the impact of market orientation on new product performance: a contingency approach [J]. Journal of Product Innovation Management, 12(4): 275-293.

ATUAHENE-GIMA K, 2005. Resolving the capability-rigidity paradox in new product innovation [J]. Journal of Marketing, 69(10): 61-83,

ATUAHENE-GIMA K, MURRAY J Y, 2007. Exploratory and exploitative learning in new product development: a social capital perspective on new technology ventures in China [J]. Journal of International Marketing, 15(2): 1-29.

ATUAHENE-GIMA K, WEI Y H, 2011. The vital role of problem solving competence in new product success [J]. Journal of Product Innovation Management, 28(1): 81-98.

AUDRETSCH D B, FELDMAN M P, 1996. R&D spillovers and the geography of innovation and production [J]. American Economic Review (86): 630-640.

AUIJA G, POLIDORO F JR, MITCHELL W, 2009. Structural homophily or social asymmetry? The formation of alliances by poorly embedded firms [J]. Strategic Management Journal, 30(9): 941-959.

AYSEGUL O, ESRA G, 2003. A resource-based view model of market learning in the subsidiary: the capabilities of exploration and exploitation [J]. Journal of International Marketing, 11(3): 1-29.

BAKER W E, 2000. Achieving success through social capital: tapping the hidden resources in your personal and business networks [M]. San Francisco: Jossey-Bass.

BANERJEE P, COLE R, 2011. Globally radical technologies and locally radical technologies: the role of audiences in the construction of innovative impact in biotechnology [J]. Transactions on Engineering Management, 58(2): 262-274.

BARKEMA H G, VERMEULEN F, 1998. International expansion through start-up or acquisition: a learning perspective [J]. Academy of Management Journal, 41(1): 7-26.

BARNEY J B, 1991. Looking inside for competitive advantage [J]. Academy of Management Executive, 9(4): 49-61.

BARNEY J, 1991. Firm resources and sustained competitive advantage [J]. Journal of Management (17): 99-120.

BARNEY J B, WRIGHT M, KETCHEN J D, 2001. Th resource-based view of the firm: ten years after 1991 [J]. Journal of Management, 27(6): 625-642.

BARNEY J B, HANSEN M H, 1994. Trustworthiness as a source of competitive advantage [J]. Strategic Management Journal (15): 175-190.

BARON R M, KENNYD A, 1986. The moderator-mediator variable distinction in social psychological research: Conceptual, strategic and statistical considerations [J]. Journal of Personality and Social Psychology (51): 1173-1182.

BEAMISH P W, LUPTON N C, 2009. Managing joint ventures [J]. Academy of Management Perspectives, 23(2): 75-94.

BECKMAN C M, HAUNSCHILD P R, PHILLIPS D J, 2004. Friends or strangers? Firm-specific uncertainty, market uncertainty, and network partner selection [J]. Organization Science (15): 259-275.

BELL G G, 2005. Clusters, networks and firm innovation [J]. Strategic Management Journal (26): 287-295.

BELLIVEAU M A, OREILLY C A, WADE J B, 1996. Social capital at the top: effects of social similarity and status on CEO compensation [J]. Academy of Management Journal (39): 1568-1593.

BENNER M J, TUSHMAN M L, 2003. Exploitation, exploration, and process management: the productivity dilemma revisited [J]. Academy of Management Review, 28(2): 38-56.

BERRY L L, SHANKAR V, PARISH J T, et al., 2006. Creating new markets through service innovation [J]. MIT Sloan Management Review, 47(2): 56-63.

BESSANT J, TIDD J, 2007. Innovation and Entrepreneurship [M]. Wiley: Chichester, UK.

BLOCKER C P, FLINT D J, MYERS M B, et al., 2011. Proactive customer orientation and its role for creating customer value in global markets [J]. Journal of the Academy of Marketing Science, 39(2): 216-233.

BLOMSTERMO A, ERIKSSON K, LINDSTRAND A, et al., 2004. The perceived usefulness of network experience knowledge in the internationalizing firm [J]. Journal of International Management, 10(3): 355-373.

BOGNER W C, BANSAL P, 2007. Knowledge management as the basis of sustained high performance [J]. Journal of Management Studies, 44(1): 165-188.

BONACICH P, 1987. Power and centrality: a family of measures [J]. American Journal of Sociology, 92(5): 1170-1182.

BONAMA T V, VICTORIA L C, 1988. Managing marketing implementation [J]. Sloan Management Review, 29(2): 7-14.

BORGATTI S P, FOSTER P C, 2003. The network paradigm in organizational research: a review and typology [J]. Journal of Management, 29(6): 991-1013.

BOURDIEU P, 1985. The forms of capital. Westport [M]. CT: Greenwood Press: 1-10.

BOWLER W M, BRASS D J, 2006. Relational correlates of interpersonal citizenship behavior: a social network perspective [J]. Journal of Applied Psychology (91): 70-82.

BRASS D J, 2009. Connecting to broker: strategies for acquiring social capital [M]. In V.O. Bartkus &J.H. Davis(Eds.), Social Capital: Reaching out, reaching in: 260-274. Cheltenham, UK: Elgar.

BRASS D J, 2012. A social capital network perspective on organizational psychology [M]. In S. W. J. Kozlowski(Ed.), The Oxford handbook of organizational psychology: 667-695. New York: Oxford University.

BRASS D J, GALASKIEWICZ J, GREVE H R, et al., 2004. Taking stock of networks and organizations: a multilevel perspective [J]. Academy of Management Journal, 47(6): 795-817.

BRESCHI S, LISSONI F, 2001. Knowledge spillovers and local innovation systems: a critical survey [J]. Industrial and Corporate Change (10): 975-1005.

BRIKINSHAW J, 1997. Entrepreneurship in multinational corporations: the characteristics of subsidiary initiatives [J]. Strategic Management Journal, 18(3): 207-229.

BROWN J S, DUGUID P, 1992. Organizational learning and communities of practice: toward a unified view of working, learning and innovation [J]. Organization Science (2): 40-57.

BRUNEEL J, YLI-RENKO H, CLARYSSE B, 2010. Learning from experience and learning from others: how congenital and interorganizational learning substitute for experiential learning in young firm internationalization [J]. Strategic Entrepreneurship Journal, 4(1): 164-182.

BRUTON G D, DESS G, JANNEY J, 2007. Knowledge management in technology-focused firms in emerging economies: caveats on capabilities, networks, and real options [J]. Asia Pacific Journal of Management, 24(2): 115-130.

BUCKLEY P J, CASSON M C, 2009. The internalization theory of the multinational enterprises: a review of the progress of a research agenda after 30 years [J]. Journal of International Business Studies, 40(9): 1563-1580.

CAPALDO A, 2007. Network structure and innovation: the leveraging of a dual network as a distinctive relational capability [J]. Strategic Management Journal, 28(6): 585-608.

CHANDRA Y, CHRIS S, WILKINSON I, 2012. An opportunity-based view of rapid internationalization [J]. Journal of International Marketing, 20(1): 74-102.

CHANDY R K, TELLIS G J, 1998. Organizing for radical product innovation: the overlooked role of willingness to cannibalize [J]. Journal of Marketing Research, 35(11): 74-87.

CHANG M, HARRINGTON J, 2007. Innovators, imitators, and the evolving architecture of problem-solving networks [J]. Organization Science, 18(4): 648-666.

CHENG C J, SHIU E C C, 2008. Re-innovation: the construct, measurement, and validation [J]. Technovation (28): 658-666.

CHETTY S, ERIKSSON K, LINDBERGH J, 2006. The effect of specificity of experience on a firm's perceived importance of institutional knowledge in an ongoing business [J]. Journal of International Business Studies, 37(5): 699-712.

CHUNG-LEUNG LUK, OLIVER H M YAU, LEO Y M SIN, et al., 2008. The effects of social capital and organizational innovativeness in different institutional contexts [J]. Journal of International Business Studies, 39(4): 589-612.

COHEN W M, LEVINTHAL D A, 1990. Absorptive capacity: a new perspective on learning and innovation [J]. Administrative Science Quarterly, 35(1): 128-152.

COHEN W M, MALERBA F, 2001. Is the tendency to variation a chief cause of progess? [J]. Industrial and Corporate Change, 10: 587-608.

COOPER R G, 1984. New product strategies: what distinguishes the top performers? [J]. Journal of Product Innovation Management, 1(2): 151-164.

COOPER R G, 1994. New products: the factors that frive success [J]. International Marketing Review, 11(1): 60-76.

COVIELLO N E, MUNRO H J, 1997. Network relationship and the internationalization process of small software firms [J]. International Business Review, 6(4): 361-386.

CRONBACH L J, 1987. Statistical tests for moderator variables: flaws in analyses recently proposed [J]. Psychological Bulletin, 102(3): 414-417.

CROSSAN M M, LANE H W, WHITE R E, 1999. An organizational learning framework: from intuition to institution [J]. Academy of Management Review, 24(3): 22-37.

DABHOLKAR P A, BAGOZZI R P, 2002. An attitudinal model of technology-based self-service: moderating effexts of consumer traits and situational factors [J]. Journal of Academy of Marketing Science, 30: 184-201.

DANNEELS E, 2002. The dynamics of product innovation and firm competences [J]. Strategic Management Journal, 23(12): 1095-1121.

DANUPOL H, GUNTALEE R, 2012. The impact of organizational capabilities on the development of radical and incremental product innovation and product innovation performance [J]. Journal of Managerial Issues (3): 250-276.

DE CLERCQ D, SAPIENZA H J, YAVUZ R I, et al., 2012. Learning and knowledge in early internationalization research: past accomplishments and future directions [J]. Journal of Business Venturing, 27(1): 143-165.

DIKOVA D, ARJENVAN W, 2007. Foreign direct investment mode choice: entry and establishment modes in transition economics [J]. Journal of International Business Studies (38): 1013-1033.

DIRK C M, ANNE K, 2011. The moderating role of managers' uncertainty avoidance values on the performance impact of radical and incremental innovation [J]. International Journal of Business Research, 11(6): 32-39.

DIRKS K T, LEWICKI R J, ZAHEER A, 2009. Repairing relationships within and between organizations: building a conceptual foundation [J]. Academy of Management Review (34): 68-84.

DOBNI B, 2008. Measuring innovation culture in organizations, the development of a generalized innovation culture construct using exploratory factor analysis [J]. European Journal of Innovation Management, 11(4): 539-559.

DODGSON M, GANN D, SALTER A, 2002. The intensification of innovation [J]. International Journal of Innovation Management (6): 53-84.

DOOLEY L, O' SULLIVAN D, 2007. Managing within distributed innovation networks [J]. International Journal of Innovation Management, 11(3): 397-416.

DOZ Y L, 1996. The evolution of cooperation in strategic alliances: initial conditions or learning processes? [J]. Strategic Management Journal, 17(Summer Special Issue): 55-84.

DUNNING J H, 1993. The globalization of business [M]. Routledge: London.

DYER J, SINGH H, 1998. The relational view: cooperative strategy and sources of inter-organizational competitive advantage [J]. Academy of Management Review (23): 660-679.

DYER J H, NOBEOKA K, 2000. Creating and managing a high-performance knowledge-sharing network: the Toyota case [J]. Strategic Management Journal, 21(2): 33-45.

DYER J H, HATCH N W, 2006. Relation-specific capabilities and barriers to knowledge transfers: creating advantage through network relationships [J]. Strategic Management Journal, 5(27): 701-719.

EISENHARDT K M, MARTIN J, 2000. Dynamic capabilities: what are they? [J]. Strategic Management Journal (21): 1105-1121.

ELLI P D, 2011. Social ties and international entrepreneurship: opportunities and constraints affecting firm internationalization [J]. Journal of International Business Studies, 42(1): 99-127.

ESCRIBANO A, FOSFURI A, TRIBO J A, 2009. Managing external knowledge flows: the moderating role of absorptive capacity [J]. Research Policy (38): 96-105.

EVANS J, MAVONDO F T, 2002. Psychic distance and organizational performance: an empirical examination of international retailing operations [J]. Journal of International Business Studies, 33(3): 515-533.

FERRIS G, WITT L, HOCHWARTER W, 2001. Interaction of social skill and general mental ability on job performance and salary [J]. Journal of Applied Psychology, 86(6): 1075-1082.

FIGUEIRA-DE-LEMOS F, JOHANSON J, VAHLNE J E, 2011. Risk management in the internationalization process of the firm: a note on the Uppsala model [J]. Journal of World Business, 46(2): 143-153.

FORNELL C, LARCKER D F, 1981. Evaluating structural equation models with unobservable variables and measurement error [J]. Journal of Marketing Research (28): 39-50.

FORSMAN H, 2009. Improving innovation capabilities of small enterprises: cluster strategy as a tool [J]. International Journal of Innovation Management, 13(2): 221-243.

GARCIA R, CALANTONE R, LEVINE R, 2003. The role pf knowledge in resource allocation to exploration versus exploitation in technologically oriented organizations [J]. Decision Sciences, 34(2): 23-49.

GARGIULO M, ERTUG G, GALUNIC D C, 2009. The two faces of control: network closure and individual performance among knowledge workers [J]. Administrative Science Quarterly (54): 299-333.

GEORGE G, KOTHA R, ZHENG Y, 2008. The puzzle of insular domains: a longitudinal study of knowledge structuration and innovation in biotechnology firms [J]. Journal of Management Studies (45): 1448-1474.

GHOSHAL S, BARTLETT C A, 1990. The multinational corporation as an interorganizational network [J]. Academy of Management Review (15): 603-625.

GHOSHAL S, KORINE H, SZULANSKI G, 1994. Interunit communication in multinational corporations [J]. Management Science (40): 96-110.

GIBBONS D, 2004. Friendship and advice networks in the context of changing professional values [J]. Administrative Science Quarterly (49): 238-262.

GILSING V, NOOTEBOOM B, VANHAVERBEKE W, et al., 2008. Network embeddedness and the exploration of novel technologies: technological distance, betweenness centrality and density [J]. Research Policy, 37(10): 1717-1731.

GRIFFITH D A, 2010. Understanding multi-level institutional convergence effects on international market segments and global marketing strategy [J]. Journal of World Business, 45(1): 59-67.

GRIFFITH D A, YALCINKAYA G, CALANTONE R J, 2010. Do marketing capabilities consistently mediate effects of firm intangible capital on performance across institutional environments? [J]. Journal of World Business, 45(3): 217-227.

GULATI R, 1995. Social structure and alliance formation pattern: a longitudinal analysis [J]. Administrative Science Quarterly (40): 619-652.

GULATI R, 1998. Alliances and networks [J]. Strategic Management Journal (19): 293-317.

GULATI R, 1999. Network location and learning: the influence of network resources and firm capabilities on alliance formation [J]. Strategic Management Journal, 20(4): 397-420.

GULATI R, NOHRIA N, ZAHEER A, 2000. Strategic networks [J]. Strategic Management Journal, 21: 203-215.

GULATI R, LAVIE D, SINGH H, 2009. The nature of partnering experience and the gains from alliances [J]. Strategic Management Journal, 30(11): 1213-1233.

GUMUSLUOGLU L, LLSEV A, 2009. Transformational leadership, creativity, and organizational innovation [J]. Journal of Business Research (62): 461-473.

GUPTA A K, GOVINDARAJAN V, 2000. Knowledge flows within multinational corporations [J]. Strategic Management Journal, 21(4): 73-96.

GUPTA A K, SMITH K G, SHALLEY C E, 2006. The interplay between exploration and exploitation [J]. Academy of Management Journal (49): 693-706.

HAIR J F, ANDRSON R E, TATHAM R L, et al., 1998. Multivariate data ananlysis [M]. 5th ed. Upper Saddle River, NJ: Prentice Hall.

HAKANSON L, AMBOS B, 2010. The antecedents of psychic distance [J]. Journal of International Management, 16(3): 195-210.

HANSEN M T, 2002. Knowledge networks: explaining effective knowledge sharing in multiunit companies [J]. Organization Science (13): 232-248.

HE ZI-LIN, WONG POH-KAM, 2004. Exploration vs. exploitation: an empirical test of the ambidexterity hypothesis [J]. Organization Science, 15(4): 81-94.

HELENA F, 2009. Balancing capability building for radical and incremental innovations [J]. International Journal of Innovation Management, 13(4): 501-520.

HILL C W L, ROTHAERMEL F T, 2003. The performance of incumbent firms in the face of radical technological innovation [J]. Academy of Management Review (28): 257-274.

HILMERSSON M, HANS J, 2011. International network extension process to institutionally different markets: entry nodes and processes of exporting SMEs [J]. International Business Review, 21(4): 682-693.

HITT M A, AHLSTROM D, DACIN M T, et al., 2004. The institutional effects on strategic alliance partner selection in transition economies: China vs Russia [J]. Organization Science, 15(2): 173-185.

HOANG H, ANTONCIC B, 2003. Network-based research in entrepreneurship: a critical review [J]. Journal of Business Venturing, 18(2): 165-187.

HOFSTEDE G. Culture and organizations: software of the mind [M]. London: McGraw-Hill, 1991.

HUGHES M, MARTIN S L, MORGAN R E, et al., 2010. Realizing product-market advantage in high-technology international new ventures: the mediating role of ambidextrous innovation [J]. Journal of International Marketing, 18(4): 1-21.

HULT G T, KETCHEN D J, SLATER S F, 2002. A longitudinal study of the learning climate and cycle time in supply chains [J]. Journal of Business and Industrial Marketing, 17(4): 302-323.

IBARRA H, 1993. Network centrality, power, and innovation involvement: determinants of technical and administrative roles [J]. Academy of Management Journal, 36(3): 471.

INKPEN A C, TSANG E W K, 2005. Social capital, networks, and knowledge transfer [J]. Academy of Management Review, 30(1): 11-22.

IWASA T, ODAGIRI H, 2004. Overseas R&D, knowledge sourcing and patenting: an empirical study of Japanese R&D investment in the US [J]. Research Policy, 33(5): 807-828.

JACCARD J, TURRISIROBER T, 2003. Interaction effects in multiple regressions [M]. Newbury Park, CA: Sage Publications.

JACK S L, 2005. The role, use and activation of strong and weak ties: a qualitative analysis [J]. Ournal of Management Studies, 42(12): 33-59.

JACK S L, 2010. Approaches to studing networks: implications and outcomes [J]. Journal of Business Venturing, 25(1): 20-37.

JACOBS J, 1965. The death and life of great American cities [M]. London Penguin Books.

JANSEN J J P, VAN DEN BOSCH F A J, VOLBERDA H W, 2006. Exploratory innovation, exploitation innovation, and performance: effects of organizational antecedents and environmental moderators [J]. Management Science (52): 1661-1674.

JANSSON H, 2007. International business strategy in emerging country markets: the institutional network approach [M]. Cheltenham, UK: Edward Elgar.

JAP S D, ANDERSON E, 2003. Safeguarding interorganizational performance and continuity under ex post opportunism [J]. Management Science, 49(12): 1684-1701.

JAWORSKI B J, KOHLI A K, 1993. Market orientation: antecedents and consequences [J]. Journal of Marketing (57): 53-70.

JAYACHANDRAN S, SHARMA S, KAUFMAN P, et al., 2005. The role of relational information processes and technology use in customer relationship management [J]. Journal of Marketing (69): 177-192.

JEONG I, 2003. A cross-national study of the relationship between international diversification and new product performance [J]. International Marketing Review, 20(4): 353-376.

JOHANSON J, VAHLNE J E, 1977. The internationalization process of firms: a model of knowledge development and increasing foreign market commitment [J]. Journal of International Business Studies (8): 23-32.

JOHANSON J, VAHLNE J E, 2006. Commitment and opportunity development in the internationalization process: a note on the Uppsala international process model [J]. Management International Review, 46(2): 165-178.

JOHANSON J, LARS-GUNNAR MATTSSON, 2009. The Uppsala internationalization model revisited: from liability of foreignness to liability of outsidership [J]. Journal of International Business Studies, 4(9): 1-21.

JOHANSON J, VAHLNE J E, 2009. The Uppsala internationalization process model revisited: from liability of foreignness to liability of outsidership [J]. Journal of International Business Studies, 40(9): 1411-1431.

KAASA A, KALDARU H, PARTS E, 2007. Social capital and institutional quality as factors of innovation: evidence from Europe [C]. Working paper series of University of Tartu, Tartu.

KALE P, SINGH H, PERLMUTTER H, 2000. Learning and protection of proprietary assets in strategic alliances: building relational capital [J]. Strategic Management Journal, 21(3): 217-228.

KATILA R, AHUJA G, 2002. Something old, something new: a longitudinal study of search behavior and new product introduction [J]. Academy of Management Journal, 45(6): 83-94.

KAYNAK H, HARTLEY J, 2006. Using replication research for just-in-time purchasing construct development [J]. Journal of Operations Management, 24(6): 868-892.

KEVIN J L, 2001. Market share, profits and business strategy [J]. Management Decision, 39(8): 607-918.

KILDUFF M, KRACKHARDT D, 1994. Bringing the individual back in: a structural analysis of the internal market for reputation in organizations [J]. Administrative Management Journal (37): 87-108.

KOETH A, 2011. Top management leadership, the degree of novelty of product innovation and organizational performance under perceived environmental uncertainty [J]. International Journal of Strategic Management, 11(1): 59-70.

KOGUT B, ZANDER U, 1992. Knowledge of the firm, combinative capabilities and the replication technology [J]. Organization Science (3): 383-397.

KOKA B R, PRESCOTT J E, 2002. Strategic alliances and social capital: a multidimensional view [J]. Strategic Management Journal (23): 795-816.

KOTLER P, KELLER K L, 2006. Marketing Management [M]. 12th ed. Pearson, Upper Saddle River, NJ.

KRACKHARDT D, 1996. The strength of strong ties [M]. In N. Nohria & R G Eccles(Eds.), Networks and Organizations: Structure, form and action, 216-239. Boston: Harvard Business School Press.

LAGES L F, SANDY D J, DAVID GRIFFTTHH, 2008. The role of past performance in export ventures: a short-term reactive approach [J]. Journal of International Business Studies, 39(2): 304-325.

LANDRY R, AMARA N, 2002. Does social capital determine innovation? To what extent [J]. Technological Forecasting & Social Change (69): 33-56.

LANGERAK F, HULTINK E J, ROBBEN H S J, 2004. The impact of market orientation, product advantage, and launch proficiency on new product performance and organizational performance [J]. Journal of Product Innovation Management (21): 79-94.

LAURSEN K, SALTER A, 2006. Open for innovation: the role of openness in explaining innovation performance aming UK manufacturing firms [J]. Strategic Management Journal, 27(2): 131-150.

LEANA C R, VAN BUREN H J J, 1999. Organizational social capital and employment practices [J]. Academy of Management Review (24): 538-555.

LEE K H, YANG G, GRAHAM J L, 2006. Tension and trust in international business negotiation: American executives negotiating with Chinese executives [J]. Journal of International Business Studies, 37(5): 623-641.

LEONARD D ,1998. Wellsprings of knowledge: building and sustaining the sources of innovation [M]. Harvard Business School Press, Boston, MA.

LEONARD-BARTON D, 1992. Core capabilities and core rigidities:a paradox in managing new product development [J]. Strategic Management Journal (13): 111-125.

LEVIN D, CROSS R, 2004. The strength of weak ties you can trust: the mediating role of trust in effective knowledge transfer [J]. Management Science, 50(11): 1477-1490.

LEWIN A Y, VOLBERDA H, 1999. Prolegomena in coevolution: a framework for research on strategy and new organizational forms [J]. Organization Science, 10(5): 519-534.

LI P, 2007. Social tie, social capital, and social behavior: toward an integrative model of informal exchange [J]. Asia Pacific Journal of Management (24): 227-246.

LI T, CALANTONE R, 1998. The impact of market knowledge competence on new product advantage: conceptualization and empirical examination [J]. Journal of Marketing, 62(10): 13-29.

LINDSTRAND A, MELEN S, NORDMAN E R, 2011. Turning social capital into business: a study of the internationalization of biotech SMEs [J]. International Business Review, 20(2): 194-212.

LISBOA A, SKARMEAS D, LAGES C, 2011. Entrepreneurial orientation, exploitative and explorative capabilities, and performance outcomes in export markets: a resource-based approach [J]. Industrial Marketing Management, 40(8): 1274-1284.

LIZARDO O, 2006. How culture tastes shape personal networks [J]. American Sociology Review (71): 778-807.

LUBATKIN M H, ZEKI S, YAN L, et al., 2006. Ambidexterity and performance in small to medium-sized firms: the pivotal role of top management team behavioral integration [J]. Journal of Management, 32(5): 46-72.

LUO Y D, TUNG R L, 2007. International expansion of emerging market enterprises: a springboard perspective [J]. Journal of International Business Studies (38): 481-498.

LYLES M A, SALK J E, 2007. Knowledge acquisition from foreign parents in international joint ventures: an empirical examination in the Hungarian context [J]. Journal of International Business Studies, 38(1): 3-18.

MADSEN T K, 2005. Internationalization research: the impact of the Carnegie School [J]. Scandinavian Journal of Management, 21(4): 373-384.

MASKELL P, 2000. Social capital, innovation and competitiveness [M]. In Baron S.(Eds), Social capital: Critical perspectives. Oxford University Press, Oxford.

MARCH J G, 1991. Exploration and exploitation in organizational learning [J]. Organization Science (2): 71-87.

MARCH J G, 1996. Continuity and change in theories of organizational action [J]. Administrative Science Quarterly (41): 278-287.

MARTIN S E, TREBLANCHE F, 2003. Building organizational culture that stimulates creativity and innovation [J]. European Journal of Innovation Management, 6(1): 64-74.

Nachum L, 2003. Liability of foreignness in global competition? Financial service affiliates in the city of London [J]. Strategic Management Journal, 24(12): 1187-1208.

NELSON R R, WINTER S G, 1982. An evolutionary theory of economic change [M]. Belknap Press: Cambridge, MA.

NERKAR A, 2003. Old is gold? The value of temporal exploration in the creation of new knowledge [J]. Management Science, 49(2): 11-29.

NGO L V, OCASS A, 2009. Creating value offerings via operant resource-based capabilities [J]. Industrial Marketing Management, 38(1): 45-59.

NOHRIA N, GULATI R, 1996. Is slack good or bad for innovation? [J]. Academy of Management Journal (39): 1245-1264.

NUNNALLY J C, 1978. Psychometric theory [M]. 2th ed. New York: McGraw-Hill.

O' REGAN N, GHOBADIAN A, GALLEAR G, 2005. In search of the drivers of high growth in manufacturing SMEs [J]. Technovation, 26(1): 30-41.

OWEN-SMITH J, POWELL W W, 2004. Knowledge networks as channels and conduits: the effects of spillovers in the Boston biotechnology community [J]. Organization Science (15): 5-21.

OZSOMER AYSEGUL, ESRA G, 2003. A resource-based model of market learning in the subsidiary: the capabilities of exploration and exploitation [J]. Journal of International Marketing, 11(3): 1-29.

PARKHE A, WASSERMAN S, RALSTON D A, 2006. New frontiers in network theory development [J]. Academy of Management Review, 31(3): 560-568.

PAULA HORTINHA, CARMEN L, LIUS F L, 2011. The trade-off between customer and technology orientations: impact on innovation capabilities and export performance [J]. Journal of International Marketing, 19(3): 36-58.

PENG M W, LUO Y, 2000. Managerial ties and firm performance in a transition economy: the nature of a micro-marco link [J]. Academy of Management Journal, 43(3): 486-501.

PENG M W, WANG D Y L, JIANG Y, 2008. An institution-based view of international business strategy: a foucs on emerging economies [J]. Journal of International Business Studies, 39(5): 920-936.

PENROSE E, 1959. The theory of the growth of the firm [J]. Oxford University Press: New York.

PEROUNCE D, 2007. Tacit knowledge in the workplace: the facilitating role of peer relationships [J]. Journal of European Industrial Training, 31(4): 244-258.

PETERSEN B, PEDERSEN T, LYLES M A, 2008. Closing knowledge gaps in foreign markets [J]. Journal of International Business Studies, 39(7): 1097-1113.

PHENE A, ALMEIDA P, 2008. Innovation in multinational subsidiaries: the role of knowledge assimilation and subsidiary capabilities [J]. Journal of International Business Studies, 39(5): 901-919.

PODOLNY J M, PAGE K L, 1998. Network forms of organization [J]. Annual Review of Sociology, 24: 57-76.

PODSAKOFF PM, DENNIS W O, 1986. Self-reports in organizational research: problems and prospects [J]. Journal of Management, 12(4): 31-44.

Porter M E, 1990. Competitive advantage of nations [M]. New York: The Free Press.

POWELL W W, 1990. Neither Market Nor hierarchy: network forms of organization [J]. Research in Organizational Behavior (12): 295-336.

PROVAN K G, FISH A, SYDOW J, 2007. Interorganizational networks at the network level: a review of the empirical literature on whole networks [J]. Journal of Management, 33(3): 479-516.

REED R, DEFILLIPPI R J, 1990. Causal ambiguity, barriers to imitation, and sustainable competitive advantage [J]. Academy of Management Review (15): 88-102.

RIGGIO R, REICHARD R, 2008. The emotional and social intelligences of effective leadership: an emotional and social skill approach [J]. Journal of Managerial Psychology, 23(2): 169-185.

RINDFLEISCH A, MOORMAN C, 2001. The Acquisition and utilization of information in new product alliances: a strength-of-ties perspective [J]. Journal of Marketing, 65(2): 1-18.

ROWLEY T, BEHRENS D, KRACKHARDT D, 2000. Redundant governance structures: an analysis of structural and relational embeddedness in the steel and semiconductor industries [J]. Strategic Management Journal, March Special Issue 21: 369-386.

SALEH S D, WANG C K, 1993. The management of innovation: strategy, structure, and organizational climate [J]. Engeering Management, 40(1): 14-21.

SANTANGELO G D, MEYER K E, 2011. Extending the internationalization process model: increases and decreases of MNE commitment in emerging economies [J]. Journal of International Business Studies (42): 894-909.

SARKAR M B, ECHAMBADI R, CAVUSGIL S T, et al., 2001. The influence of comlementarity, compatibility, and relationship capital on alliance performance [J]. Journal of the Acedemy of Marketing Science, 29(4): 358-373.

SCOTT S, BRUCE R, 1994. Determinants of innovation behavior: a path model of individual innovation in the workplace [J]. Academy of Management Journal, 37(3): 580-607.

SETTOON R P, MOSSHOLDER K W, 2002. Relationship quality and relationship context as antecedents of person-and task-focused interpersonal citizenship behavior [J]. Journal of Applied Psychology (87): 255-267.

SINGH J V, 1986. Performance, slack and risk taking in organizational decision making [J]. Academy of Management Journal, 29(3): 62-85.

SINHA R K, NOBLE C H, 2008. The adoption of radical manufacturing techonologies and firm survival [J]. Strategic Management Journal (29): 943-962.

SPARROWE R T, LIDEN R C, KRAIMER M L, 2001. Social networks and the performance of individuals and groups [J]. Academy of Management Journal, 44(2): 16-25.

SONG MICHAEL, THIEME JEFF, 2009. The role of suppliers in market intelligence gathering for radical and incremental innovation [J]. Journal of Product Innovation Management (26): 43-57.

SOOSAY C, HYLAND P, 2008. Exploration and exploitation: the interplay between knowledge and continuous innovation [J]. International Journal of Technology Management, 42(1): 20-35.

SORESCU A B, SPANJOL J, 2008. Innovation's effect on firm value and risk: insights from consumer packaged goods [J]. Journal of Marketing (27): 114-132.

TAN J, PENG M W, 2003. Organizational slack and firm performance during economic transitions: two studies from an emerging economy [J]. Strategic Management Journal (24): 1249-1263.

TARUN K SEN, PARVIZ GHANDFOROUSH, 2011. Radical and incremental innovation performances in information technology: an empirical study in an emerging economy [J]. Journal of Technology Management&Innovation, 6(4): 34-44.

TEECE D J, 2007. Explicating dynamic capabilities: the nature and micro foundations of enterprise performance [J]. Strategic Management Journal, 28(13): 1319-1350.

TEECE D J, GARY PISANO, AMY SHUEN, 1997. Dynamic capanilities and strategic management [J]. Strategic Management Journal, 18(7): 509-533.

TELLIS G J, PRABHU J C, CHANDY R K, 2009. Radical innovation across nations: the pre-eminence of corporate culture [J]. Journal of Marketing (73): 3-23.

TODD J A, ERIC F, ROBERT W PALMATIER, 2011. The effects of customer acquisition and retention orientation on a firm's radical and incremental innovation performance [J]. Journal of the Academy Marketing Science (39): 234-251.

TOTTERDELL P, HOLMAN D, HUKIN A, 2008. Social networkers: measuring and examining individual differences in propensity to connect with others [J]. Social Networks (30): 283-296.

TRIPLETT J E, BOSWORTH B P, 2003. Productivity measurement issues in services industries: Baumol's Disease has been cured [J]. Econnomic Policy Review, 9(3): 23-33.

UZZI B, 1997. Social structure and competition in interfirm networks: the paradox of embeddedness [J]. Administrative Science Quarterly, 42(1): 35-67.

UZZI B, LANCASTER R, 2003. Relational embeddedness and learning: the case of bank loan managers and their clients [J]. Management Science, 49: 383-399.

VAHLNE J E, IVARSSON I, JOHANSON J, 2011. The tortuous road to globalization for Volvo's heavy truck business: extending the scope of the Uppsala model [J]. International Business Review, 20(1): 1-14.

VAN W R, JANSEN J J P, LYLES M A, 2008. Inter- and intra-organizational knowledge transfer: a meta-ananlytic review and assessment of its antecedents and consequences [J]. Journal of Management Studies, 45(4): 830-853.

VERMEULEN F, BARKEMA H, 2001. Learning through acquisitions [J]. Academy of Management Journal (44): 457-478.

VON HIPPEL E, 1987. Cooperation between rivals: informal know-how trading [J]. Research Policy, 16: 291-302.

VON HIPPEL E, 1998. Economics of product development by users: the impact of "sticky" local information [J]. Management Science, 44(5): 629-644.

VOSS G B, DEEPAK S, ZANNIE GV, 2008. The effects of slack resources and environmental threat on product exploration and exploitation [J]. Academy of Management Journal, 51(1): 47-64.

WALKER G, KOGUT B, SHAN W, 1997. Social capital, structural holes, and the formation of an industry network [J]. Organizational Science, (8): 109-125.

WIESER R, 2005. Research and development productivity and spillovers: empirical evidence at the firm level [J]. Journal of Economic Survey, 19(4): 587-621.

WONG S S, BOH W F, 2010. Leveraging the ties of others to build a reputation for trustworthiness among peers [J]. Academy of Management Journal, 53: 129-148.

WRIGHT M, FILATOTCHEV I, HOSKISSON R E, et al., 2005. Strategy research in emerging economies: challenging the conventional wisdom [J]. Journal of Management Studies, 42(1): 1-33.

YAMIN M, ANDERSON U, 2011. Subsidiary importance in the MNC: what role does internal embeddedness play? [J]. International Business Review, 20(2): 151-162.

YALCINKAYA G, CALANTONE R J, GRIFFITH D A, 2007. An examination of exploration and exploitation capabilities: implications for product innovation and market performance [J]. Journal of International Marketing, 15(4): 63-93.

YLI-RENKO H, AUTIO E, SAPIENZA H J, 2001. Social capital, knowledge acquisition, and knowledge exploitation in young technology-based firms [J]. Strategic Management Journal, 22: 587-613.

ZAHEER A, BELL G G, 2005. Benefiting from network position: firm capabilities, structural holes and performance [J]. Strategic Management Journal (26): 809-825.

ZAHRA S A, BOGNER W C, 2000. Technology strategy and software new ventures' performance: exploring the moderating effect of the competitive environment [J]. Journal of Business Venturing, 15(2): 135-173.

ZAHRA S A R, IRELAND D, HITT M A, 2000. International expansion by new venture firms: internal diversity, mode of entry, technology learning, and performance [J]. Academy of Management Journal, 43(5): 925-950.

ZHOU K Z, WU F, 2010. Technological capability, strategic flexibility, and product innovation [J]. Strategic Management Journal, 31(5): 547-561.

HYMER S, 1960. The international operations of national firms: a study of direct foreign investment [M]. Cambridge, MA: MIT Press.

GRANOVETTER M S, 1982. The strength of weak ties: a network theory revisited [M]. In: Marden P.V., Lin N.,(Eds.), Social structure and network analysis. Sage Publications, Beverly Hills, CA: 105-130.

GRANOVETTER M S, 1985. Economic action and social structure: the problem of embeddedness [J]. American Journal of Sociology, 91(3): 481-508.

FORD J C, MCCALLUM R C, TAIT M, 1986. The application of exploratory factor analysis in applied psychology: a critical review and analysis [J]. Personnel Psychology (39): 291-314.

COLEMAN J S, 1988. Social capital in the creation of human capital [J]. The American Journal of Sociology (94): 95-120.

BARTLETT C A, GHOSHAL S, 1990. Managing innovation on the transnational corporation [M]. In Bartlett C A, Doz Y, and Hedlund G.(eds.), Managing the Global Firm, Routledge: New York: 215-255.

COLEMAN J S, 1990. Foundations of social theory [M]. Harvard University Press, Cambridge, MA.

LANT T K, STEPHEN J M, 1992. An organizational learning model of convergence and reorientation [J]. Organization Science, 3(1): 47-71.

GRANOVETTER M S, 1992. Problems of explanation in economic sociology [M]. In Networks and Ornanizations, Nohira N, Eccles RG(Eds.), Harvard Business School Press: Boston, MA: 25-26.

LEVINTHAL D, JAMES G M, 1993. The myopia of learning [J]. Strategic Management Journal (14): 95-112.

SWAMIDASS P M, KOTABE M, 1993. Component sourcing strategies of multinationals: an empirical investigation [J]. Journal of International Business Studies, 24(1): 81-100.

FIOL C M, 1994. Consensus, diversity, and learning in organization [J]. Organization Science, 5(3): 403-420.

DAY G S, 1994. The capabilities of market-driven organizations [J]. Journal of Marketing, 58(10): 37-52.

Lazerson M, 1995. A new phoenix: modern putting-out in the Modena knitwear industry [J]. Administrative Science Quarterly (40): 34-59.

GRANT R M, 1996. Prospering in dynamically competitive environments: organizational capability as knowledge integration [J]. Organization Science (7): 375-387.

BURT R S, 1997. The contingent value of social capital [J]. Administrative Science Quarterly (42): 339-365.

NOHRIA N, GHOSHAL S, 1997. The differentiated network: organizing multinational corporations for value creation [M]. Jossey-Bass, San Francisco, CA.

HURLEY R F, HULT G T M, 1998. Innovation, market orientation, and organizational learning: an integration and empirical examination [J]. Journal of Marketing, 62(3): 42-54.

SONG X M, MONTOYA-WEISS M M, 1998. Critical development activities for really new versus incremental products [J]. Journal of Product Innovation Management (15): 124-135.

KRAATZ M S, 1998. Learning by association? Interorganizational networks and adaptation to environmental change [J]. Academy of Management Journal, 25(6): 587-611.

NAHAPIET J, GHOSHAL S, 1998. Social capital, intellectual capital, and the organizational advantage [J]. Academy of Management Review, 23(2): 242-266.

TSAI W, GHOSHAL S, 1998. Social Capital and value creation: the role of intrafirm networks [J]. Academy of Management Journal, 41(4): 464-476.

BAUM J A C, LI S X, USHER J M, 2000. Making the next move: how experiential and vicarious learning shape the locations of chains' acquisitions [J]. Administrative Science Quarterly (45): 766-801.

GARGIULO M, BENASSI M, 2000. Trapped in your own net? Network cohesion, structural holes, and the adaptation of social capital [J]. Organization Science, 11(2): 183-196.

BURT R S, 2000. The network structure of social capital [J]. Research in Organizational Behavior (22): 345-423.

AUIJA G, LAMPERT C M, 2001. Entrepreneurship in the large corporation: a longitudinal study of how established firms creat breakthrough inventions [J]. Strategic Management Journal, 2001, June-July Special Issue (22): 521-543.

LEE C, LEE K. Pennings J M, 2001. Internal capabilities, external networks, and performance: a study on technology-based ventures [J]. Strategic Management Journal (22): 615-640.

SCHULZ M, 2001. The uncertain relevance of newness: organizational learning and knowledge flows [J]. Academy of Management Journal, 44(4): 661-681.

PORTER M E, STERN S, 2001. Innovation: location matters [J]. Sloan Management Review, 42(4): 28-37.

REDDING S, 2002. Path dependence, endogenous innovation and growth [J]. International Economic Review, 43(4): 1215-1249.

CHRISTENSEN C M, RAYNOR M, 2003. The innovator's solution [M]. Boston: Harvard Business School Press.

DE CLERCQ D, DAKHLI M, 2004. Human capital, social capital, and innovation: a multi-country study [J]. Entrepreneurship and Regional Development (16): 107-128.

KNIGHT G A, CAVUSGIL T S, 2004. Innovation, organizational capabilities, and the born-global firm [J]. Journal of International Business Studies, 35(2): 24-41.

GIULIANI E, BELL M, 2005. The micro-determinants of micro-level learning and innovation: evidence from a Chilean wine cluster [J]. Research Policy (34): 47-68.

SUBRAMANIAM M, YOUNDT M, 2005. The influence of intellectual capital on the types of innovation capabilities [J]. Academy of Management Journal, 48(3): 450-463.

KATILA R, SHANE S, 2005. When does lack of resources make new firms innovative? [J]. Academy of Management Journal (48): 814-829.

BAKER W E, SINKULA J M, 2007. Does market oritation facilitate balanced innovation programs? An organizational learning perspective [J]. Journal of Product Innovation Management, 24(4): 16-34.

BROKEL T, BINDER M, 2007. The regional dimension of knowledge transfers-a behavioral approach [J]. Industry and Innovation, 14(2): 151-175.

AGNDAL H, CHETTY S, 2007. The impact of relationships on changes in internationalization strategies of SMEs [J]. European Journal of Marketing, 40(11/12): 1449-1474.

BURT R S, 2007. Secondhand brokerage: evidence on the importance of local structure for managers, bankers, and analysts [J]. Academy of management Journal (50): 119-148.

KLEINSCHMIDT E J, BRENTANI U D, SALOMO S, 2007. Performance of global new product development programs: a resource-based view [J]. Journal of Product Innovation Management, 24(5): 19-41.

RICHEY R G, DAUGHERTY P J, ROATH A S, 2007. Firm technological readiness and complementarity: capabilities impacting logistics service competency and performance [J]. Journal of Business Logistics, 28(1): 195-228.

OZCAN P, ESIENHARDT K M, 2009. Origin of alliance portfolios: entrepreneurs, network strategies and performance [J]. Academy of Management Journal, 52(2): 46-79.

HENSELER J, CHRISTIAN R, RUDOLF S, 2009. The use of Partial Least Squares in Path Modeling in international marketing [M]. In Advances in International Marketing, vol. 20, Rudolf R S, and Pervez N G. eds. Bingley,UK: Emerald, 277-319.

HIATT S R, SINE W D, TOLBERT P S, 2009. From Pabst to Pepsi: the deinstitutionalization of social practices and the creation of entrepreneurial opportunities [J]. Administrative Science Quarterly (54): 635-667.

DIMOV D, HOLAN P M, 2010. Firm experience and market entry by venture capital firms(1962-2004)[J]. Journal of Management Studies, 47(1): 130-161.

BURT R S, 2010. Neighbor networks [M]. Oxford, U.K, Oxford University Press.

CIABUSCHI H, MARTIN O M, 2011. Internal embeddedness, headquarters involvement, and innovation importance in multinational enterprises [J]. Journal of Management Studies, 48(7): 1621-1639.

GREGOIRE D A, CORBETT A C, MCMULLEN J S, 2011. The cognitive perspective in entrepreneurship: an agenda for future research [J]. Journal of Management Studies, 48(6): 1443-1477.

HILMERSSON M, SUSANNE S, 2011. Perceived institutional distance in emerging market entry process [J]. International Journal of Business Environment, 4(3): 268-286.

ARBUCKLE J L, WOTHKE W, 1999. Amos 4.0 user's guide [M]. Chicago: Small Waters Corporation.